민주주의, 정부, 헌법, 국민, 선거, 권리 등 정치의 모든 것을 알아봐요

누가 세상을 움직이는가?

앤드루 마 외 글/ 고정아 옮김

비룡소

A Dorling Kindersley Book
www.dk.com

글쓴이 앤드루 마

영국 글래스고에서 태어나 캠브리지 대학교에서 영문학을 공부했다.
《인디펜던트》와《옵저버》,《이코노미스트》에서 정치 저널리스트로 활동했다.
BBC에서 정치부장으로 일하였고, 「앤드루 마 쇼」 등
다양한 역사 및 정치 프로그램을 진행했다.
지은 책으로『현대 영국의 역사 A History of Modern Britain』등이 있다.

옮긴이 고정아

서울에서 태어나 연세대학교 영문학과를 졸업했다. 현재 어린이 책을 직접 쓰고,
옮기는 작업을 하고 있다. 옮긴 책으로『전망 좋은 방』,『몰타의 매』,
『엄마가 알을 낳았대』,『클래식 음악의 괴짜들』,『진화의 비밀과 다윈』,
『발레리노 리춘신』,『아이, 달콤해』등이 있다.

누가 세상을 움직이는가?

1판 1쇄 펴냄—2010년 12월 15일, 1판 2쇄 펴냄—2011년 11월 10일
글쓴이 앤드루 마 외 옮긴이 고정아 펴낸이 박상희 편집장 김은하 편집 김지호 디자인 허선정
펴낸곳 ㈜비룡소 출판등록 1994. 3. 17.(제16-849호)
주소 135-887 서울시 강남구 신사동 506 강남출판문화센터 4층
전화 영업(통신판매) 02)515-2000(내선 1) 팩스 02)515-2007 편집 02)3443-4318,9
홈페이지 www.bir.co.kr

WHO'S IN CHARGE?
Copyright ⓒ 2010 Dorling Kindersley Limited, London
All rights reserved.
Korean Translation Copyright ⓒ 2010 by BIR
Korean translation edition is published by arrangement with
Dorling Kindersley Limited, London.

이 책의 한국어판 저작권은 Dorling Kindersley Limited와 독점 계약한
㈜비룡소에 있습니다. 저작권법에 의해 한국 내에서 보호를 받는 저작물이므로
무단 전재와 무단 복제를 금합니다.

ISBN 978-89-491-5222-6 73340

" 뉴스를 보거나 사람들의 이야기를 들으면, 정치는 이롭지도 않고 재미도 없는 일처럼 느껴져요. 뉴스는 늘 어떤 정치인이 황당한 실수를 했다거나 아주 먼 나라의 일을 두고 옥신각신하거나 지구 온난화 같은 중대한 문제에 합의하지 못했다는 소식을 전해요. 그러니 이렇게 묻는 것도 당연하지요. "도대체 왜 정치에 신경을 쓰나요? 그게 나하고 무슨 상관인데요?"

하지만 정치는 우리 모두에게 아주 중요한 일이에요. 집, 학교, 운동장, 어디에서든 누군가가 규칙을 만들고 다른 사람들을 이끌어요. 집에는 부모님이, 학교에는 선생님이, 운동장에는 때로 나타나는 못된 형들이, 더 넓은 세상에는 정치인들이 있지요.

나이가 들면 따라야 할 규칙이 훨씬 더 많아져요. 돈을 벌면 일부를 떼어서 정부에 세금을 내야 해요. 운전하는 속도부터 쓰레기를 내놓는 요일, 망가진 휴대 전화를 보상받을 수 있는 기준까지 규칙으로 정해져 있어요. 우리는 평생 동안 규칙을 지키며 살아가요.

그렇다면 누가 규칙을 만들어 세상을 움직이는 걸까요? 바로 정치를 하는 사람들이에요. 통치자와 정치인들이 정치를 하는 이유는 세상을 움직이고 싶기 때문이에요.

세상 사람들의 절반은 민주주의 국가에서 살아요. 많은 사람들이 민주주의는 여러 정부 형태 가운데 가장 좋다고 말하지요. 규칙이 마음에 들지 않으면 투표를 통해 고치거나 새로 만들 수 있기 때문이에요. 하지만 민주주의 국가에서도 제 목소리를 내지 못하는 사람이 많아요. 투표를 하지 않거나, 아무도 그 사람의 말을 들어 주지 않거나, 세상이 어떻게 돌아가는지 관심이 전혀 없기 때문이지요.

정치가 제대로 이루어지려면 사람들이 관심을 기울이고 참여해야 해요. 정치는 복잡하지만 재미있는 일이고, 또 우리가 살아가는 사회를 최선의 상태로 바꾸기 위한 노력이에요. 미래에는 여러분의 생각과 지도력이 정치를 이끌게 될 거예요. 몇몇 친구들은 앞으로 지도자가 되겠지요. 다른 친구들은 계속 질문하고 논쟁하는 까다로운 사람이 되기를 바라요. 정치에 참여하고 싶은가요? 이 책은 정치가 어떻게 이루어지는지, 정치가 어떻게 나를 도와줄 수 있는지 가르쳐 줄 거예요. "

앤드루 마

차례

 정치의 시작

 너의 지도자를 보여 줘

 여러 가지 정치사상들

 정치 참여

통치자는 왜 필요할까? 10	점점 커지는 정치의 영향력 16
시작하기 전에 12	권력 투쟁 18
여기서 살까 아니면 떠날까? 14	새로운 정치가 달려온다! 20

나는 권력을 가졌도다! 24	신권 정치란 무엇일까? 36
부족 사회의 시작 26	독재 정치란 무엇일까? 38
나만의 정부를 만들어 보자 28	민주주의란 무엇일까? 40
만약 내가 나라를 통치한다면 30	민주주의의 나무 42
모두는 하나를 위해, 하나는 모두를 위해 32	무정부주의란 무엇일까? 44
군주제란 무엇일까? 34	

정부 건물에서 무슨 일이 일어날까? 48	뉴스를 전합니다 60
국가는 어떻게 운영될까? 50	지역 정치 62
사상의 무지개 52	전령의 역할 64
좌파야? 우파야? 54	손에 손잡고 66
사고, 팔고, 투자하라! 56	국가들이 서로 불화할 때 68
너도 나도 똑같이 나누자 58	

헌법이란 무엇인가? 72	경제와 정치의 관계 82
국민의 권리와 책임 74	쿠데타는 어떻게 일어날까? 84
투표할 권리 76	미래 그리고 그 너머의 정부 86
서로 의견이 다를 때 78	어떻게 정치에 참여하면 좋을까? 88
압력을 가하라 80	

정치 인물 사전 90   찾아보기 96

누가 나라를 움직일까?

이 세상에 "나를 따르라!"고 말하는 사람이 생겨난 이래로 사람들을 다스리는 정부가 있었어요. 고대에는 한 부족의 족장이 수백 명 정도의 사람을 이끌었을 거예요.

나라를 통치한다는 건 어떤 일일까?

이제부터 나라를 다스리는 지도자에 따라 달라지는 통치 제도를 살펴볼 거야.

신성한 왕권에서 시작해 민주주의, 무정부주의까지, 여러 가지 정치 제도가 지금의 **세계**를 만들었어.

정치사상은 누가 생각해 냈을까?

나라를 위해 중요한 결정을 내리는 사람들은 무슨 사상을 바탕으로 삼았을까?

마르크스와 아리스토텔레스의 차이를 아니?

나라를 움직이고, 세상을 바꾸려면 어떻게 해야 할까요?

하지만 오늘날 대통령이나 총리가 내리는 결정은 수십억 명의 사람들에게 영향을 미치지요.
그래서 **'누가 어떻게 나라를 움직이는가?'**라는 문제가 중요한 거예요.
이 질문에 대한 대답에 따라 전혀 다른 세상이 만들어질 수 있거든요.

> 지도자의 자리를 유지하는 방법이 뭘까?

> 정치에 참여하려면 어떻게 해야 돼?

> 지도자가 계속해서 대중의 지지를 받으려면 카리스마가 필요해. 술수도 잘 쓸 줄 알고 운도 따라 줘야지!

> 지도자라고 모든 것을 멋대로 할 수는 없어. 우리도 정치를 바꿀 힘을 발휘할 수 있지.

> 우리는 지도자들이 어떻게 권력을 유지하는지, 언론이 어떻게 통치자들을 돕고 방해하는지 살펴볼 거야.

> 어떻게 정치가 내게 도움을 주는지, 우리에게 어떤 권리가 있는지 알아보고 참여하자.

이 책이 방법을 알려 줄 거예요!
사람들이 내 목소리에 귀 기울이게 할 방법을 알아봐요.

정치의 시작

"새 땅! 완전히 새로운 세상이다!"

"강한 자가 살아남는다!"

정치란 무엇일까요?
언제 시작되었나요?
어떻게 해서 오늘날의 정치에
이르렀을까요?

정치는 인류의 역사와 더불어 발전했어요.
어떤 것이 발견되거나 발명될 때마다
사회는 변화했고 정치도 변화했지요.

농경의 시작에서 신대륙의 발견,
증기 기관의 발명 등
역사 속의 사건들이 어떻게
정치를 변화시켰는지,
오늘날 우리가 사는 세상에
어떤 영향을 미쳤는지 알아봐요.

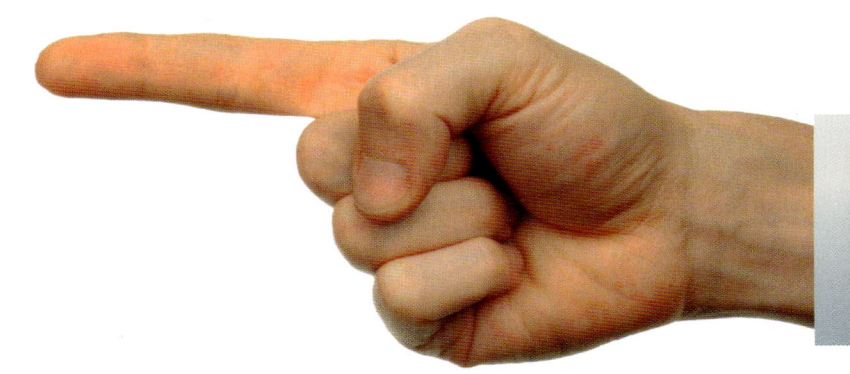

통치자는 왜 필요할까?

배가 바다에서 난파해 친구들과 함께 열대 바다의 무인도에 가게 되었다고 상상해 보세요. 재미있겠다 싶은가요? 처음에는 무인도 생활이 재밌을지 몰라요. 하지만 무슨 일을 언제 어떻게 할지 이끌어 주는 정부와 법이 없다면 아주 불편할 거예요.

자연 상태

사람들 사이에 규칙을 실행하고 의견 차이를 조정해 주는 정부가 없으면 살아가기가 상당히 힘들어요. 영국의 철학자 토머스 홉스는 『리바이어던』이라는 책에서 법이 없는 사회, 즉 '자연 상태'에서는 모든 사람이 모든 것에 대한 권리를 가진다고 주장했어요. 그러나 자연 상태에서는 사람들이 행복을 얻는 대신 끊임없이 갈등을 겪게 된다고 썼지요. 홉스는 자연 상태에서 사람들은 '고독하고 가난하고 불쾌하고 야만적이고 짧은 인생'을 살게 될 거라고 생각했어요.

> 통치자가 없으면 우리 모두는 **만인에 대한 만인의 투쟁**이라는 참담한 싸움에 휘말릴 것이다.

토머스 홉스 (1588년~1679년)

마침내 모두가 모여 앉아서 누가 통치를 할지 결정해요!

 정치의 시작

시작하기 전에

정치 세계는 어려운 말과 복잡한 설명으로 가득해요. 여러분을 돕기 위해서, 정치란 무엇이고 어떻게 이루어지는지 실마리를 알려 줄 기본 낱말들을 모아 보았어요.

국가란 무엇일까요?

국가는 특정한 정부가 지배하는 일정한 영역의 땅을 가리켜요. '나라'라고도 부르지요. 국가는 통치자들과 그 안에 사는 모든 사람, 사람들이 참여하는 기업을 포함해요. 거기에 국가의 뜻을 결정하는 최고 권력인 주권까지 더해져야 완전한 국가라고 할 수 있어요.

국민이란 무엇일까요?

국민은 국가에서 활동할 권리가 있는 사람이에요. 그 나라에서 살고 일하는 것이 법으로 허락된 사람이지요. 난민이나 불법 입국자는 국민이 아니기 때문에 국가에서 쫓겨날 수 있어요.

정부란 무엇일까요?

정부는 국가를 운영하는 조직이에요. 정부는 여러 부서로 나뉘어서 국가에서 허락하는 일과 금지하는 일을 결정해요. 정부의 종류는 매우 다양해요. 앞으로 정부의 여러 가지 종류들을 살펴볼 거예요.

정치는 '나라를 다스리는 일'을 뜻해요. 국가의

시작하기 전에

무엇이 옳고 무엇이 그를까?

정치는 사상뿐 아니라 수많은 사람들의 이해관계가 한데 뒤얽힌 일이에요. 그래서 한 집단에게 도움이 되는 일이 다른 집단에게는 좋지 않을 수 있어요. 이 책은 어떤 정치가 옳고 어떤 정치는 그르다고 말하지 않을 거예요. 상황에 따라서는 옳고 그름의 기준조차 달라질 수 있기 때문이에요. 대신 여러 가지 정부의 형태와 다양한 정치의 구조에 대한 사실들을 설명하려고 해요. 재미있는 이야기도 약간 곁들여서 알려 줄게요!

> 내 방법이 가장 좋아. 더 많은 사람들을 도울 수 있으니까.

> 하지만 내 방법은 가장 도움이 필요한 사람들을 도울 수 있어.

정치인은 어떤 사람일까요?

정치인은 정치에 참여하는 사람이에요. 대개 정부에서 일하며 국가에 닥친 문제들을 해결할 방법을 찾아요. 정치인은 선거로 뽑거나 권력을 가진 사람이 임명하지요.

'-제'로 끝나는 말

'-제'로 끝나는 말은 정부의 종류를 가리켜요. 군주제, 민주제 같은 말은 이미 들어 본 적이 있을 거예요. 다양한 정부의 종류에 대해서는 2장에서 설명할 거예요.

'-주의'로 끝나는 말

'-주의'로 끝나는 말은 특정한 정치사상을 가리켜요. 이것에 대해서는 3장에서 다루게 될 거예요. 자본주의, 공산주의 같은 말이 정치사상의 예이지요.

권력을 통해 국민이 잘 살 수 있게 하는 일이지요.

정치의 시작

여기서 살까? 아니면 떠날까?

정치는 아프리카에서 태어난 인류의 조상이 첫 걸음을 뗄 때 함께 시작되었어요. 인류가 동굴 생활을 할 때도 정치가 있었지요. 그 후 인류는 수백만 년 동안 진화를 거듭하며 발전해 왔고, 그 과정에서 일어난 몇 가지 핵심적인 사건들이 오늘날과 같은 정치 형태를 만들었어요.

정착하기

농경이 시작되면서 사람들은 정착하기로 했어요. 식량을 찾아 옮겨 다니는 대신 한곳에 머물며 농사를 짓고 살게 된 것이지요. 지도자들은 정착지를 꾸리는 법과 새롭게 닥친 문제들을 해결할 방법을 배워야 했어요.

도착하려면 아직 멀었어?

450만 년 전 — **기원전 1만 년** — **기원전 6000년**

식량을 찾아 이동하기

정치는 문제를 해결하는 일인데, 고대 원시인에게는 살아남는 것이 가장 큰 문제였어요! 원시인은 수렵과 채집을 하며 살았기 때문에 식량을 찾아 끊임없이 돌아다녀야 했어요. 한 번만 실수해도 죽게 되므로 강력한 지도자가 필요했지요.

왕이 나타나다

정착한 사람들은 점차 문명을 이루었어요. 사람이 많아지면 문제도 많아지기 때문에, 새로운 지도자와 정부가 필요했어요. 가장 먼저 방법을 찾은 곳은 수메르 제국(이라크 남부)이었어요. '문명의 요람'이라 불리는 수메르 제국은 많은 도시 국가로 이루어져 있었는데, 사제 겸 왕이 각 도시를 통치했어요. 이것이 최초의 군주제였지요.

피라미드의 권력

일단 권력을 잡으면 유지하는 것이 중요했어요. 이집트 최초의 파라오인 나르메르는 자기 자리를 아들에게 확실히 물려주기 위해서 모든 왕은 살아 있는 신이라고 선언했어요. 그 뒤에도 이집트의 파라오들은 여러 가지 방식으로 자신의 권력을 증명해야 했어요. 파라오는 스핑크스나 피라미드 같은 거대한 건축물을 지어서 국민들에게 자신의 권력과 권위를 자랑했고, 침략을 노리는 외부인들을 겁주었어요.

힘 있는 자만이 이렇게 불가사의한 기념물을 지을 수 있다!

기원전 3900년   기원전 2500년   기원전 1700년

국경 분쟁

나라가 커지면서 국경도 넓어졌어요. 역사에 기록된 최초의 국경 분쟁은 수메르의 도시 국가인 움과 라가시 사이에서 일어났지요. 다른 도시 국가인 키시의 사제 겸 왕이 다툼을 조정해서, 새로운 국경을 정하고 그 내용을 적은 기둥을 세웠어요. 하지만 평화는 오래가지 않았어요. 움의 사제 겸 왕이 불만을 품고 기둥을 파괴했거든요.

재능 있는 소수

군주제가 당시의 유일한 정부 형태는 아니었어요. 미노아 문명(그리스의 크레타 섬)에서는 재능 있는 사람들이 권력을 잡았어요. 무역이 발달한 미노아 문명에서는 상업에 뛰어난 사람들에게 중요한 결정을 맡겼지요. 이런 방식의 정부를 귀족정이라고 해요.

팔렸음

정치의 시작

점점 커지는 정치의 영향력

한곳에 정착해 농사를 지으면서 살아가던 사람들은 시간이 흐르자 더 많은 것을 바라게 되었어요. 문명이 발전하면서 더 큰 권력과 부를 열망하는 사람들이 나타나 강력한 제국이 출현하고 새로운 통치 방법이 생겨났어요.

우리 모두 투표해요!

민주주의의 아버지

기원전 505년 무렵, 그리스의 도시 국가 아테네에서 클레이스테네스가 민주주의의 기초를 만들었어요. 자유민 모두에게 투표권을 주었던 이 민주주의는 약 100년 동안 이어졌어요.

기원전 640년   기원전 509년   기원전 505년

부와 권력

부는 권력을 드러내 주는 상징 가운데 하나예요. 기원전 640년에 리디아(터키)의 왕은 자신의 권력을 더욱 확실히 드러내기 위해 세계 최초로 동전을 만들었어요. 이 동전은 금과 은을 섞은 금속으로 만들었다고 해요.

원로원의 권력

기원전 509년 도시 국가 로마는 거만한 왕 타르퀴니우스를 몰아내고 공화국이 되었어요. 로마 원로원은 최고 통치자의 권력을 두 명의 집정관에게 주기로 결정했어요. 해마다 선거를 통해 뽑힌 집정관이 법을 만들고, 재판을 하고, 위대한 로마 육군의 우두머리로서 군대를 이끌었어요.

내가 누군지 아느냐?

점점 커지는 정치의 영향력

대제국

권력을 키우는 방법 중 한 가지는 영토를 늘리는 것이에요. 마케도니아의 알렉산드로스 대왕은 군대를 이끌고 아프리카와 페르시아, 인도까지 쳐들어갔어요. 알렉산드로스 대왕이 이룩한 이 제국은 역사상 최초의 대제국이었지만, 오래가지는 못했어요. 알렉산드로스 대왕이 서른두 살에 죽었기 때문이에요.

무역의 중심

전쟁으로 영토를 늘리는 것만이 권력을 얻는 방법은 아니었어요. 기원전 100년 무렵 인도는 수많은 무역선을 거느린 무역의 중심지였어요. 인도는 무역을 통해 동남아시아의 여러 섬들에 영향을 미쳤지요.

가장 위대한 사람은 누구지?

이제 내가 통치한다!

알렉산드로스 대왕(기원전 356년~기원전 323년)

율리우스 카이사르 (기원전 100년~기원전 44년)

기원전 336년   기원전 165년   기원전 100년   기원전 46년

크기가 자꾸자꾸 커지면

중국인은 국가가 커질수록 통치하기가 어렵다는 것을 깨달았어요. 그래서 시험 제도를 만들어서 관리를 선발해 통치를 돕게 했어요. 공무원 제도가 시작된 거예요.

독재자 만세!

권력이 안 좋은 점은 많은 사람들이 탐낸다는 거예요! 로마 제국은 지중해 전역으로 세력을 넓혔고, 카이사르는 골(프랑스) 지역마저 정복했어요. 하지만 정작 로마 안에서는 사람들이 카이사르를 몰아내려고 했어요. 결국 카이사르는 로마로 돌아와 원로원의 권력을 없애고 스스로 종신 딕타토르(독재관)가 되었어요.

나가는 길 →

정치의 시작

권력 투쟁

제국은 빠르게 팽창했지만, 사람들의 삶은 별로 나아지지 않았고 여기저기서 불만의 소리가 높아졌어요. 이제 통치자들은 곳곳에서 일어나는 농민 반란에 맞서야 했어요.

규칙을 글로 쓰다

통치자는 귀족들에게 땅만 준 것이 아니었어요. 1215년 잉글랜드의 귀족들은 존 왕에게 권력의 일부를 달라고 요구했어요. 왕은 왕위를 지키려고 마그나 카르타(대헌장)에 서명해, 자유민은 법적 절차 없이 감옥에 가거나 처벌받지 않고 평의회의 승인 없이 세금을 내지 않는다는 데 동의했어요.

이 땅을 너에게 주겠다. 네가 내 명령을 따르겠다고 한다면!

고마워요, 임금님!

서기 850년   1198년   1215년

땅과 충성

통치자들은 충성스러운 부하가 필요했어요. 850년 무렵부터 프랑크 제국(프랑스와 서유럽 일부) 군주들은 귀족 계급에게 땅을 나누어 주고 충성을 요구했어요. 이것이 봉건 제도의 시작이에요. 봉건 제도는 힘없는 군주에게 권력을 주었지만, 땅을 가진 귀족이 땅에 매인 농민을 지배하면서 농민을 노예와 비슷한 농노로 만들었어요.

권력은 움직이는 거야

권력을 유지하는 수단은 땅만이 아니었어요. 종교도 대중을 통제하는 수단이 되었어요. 가톨릭교회는 전 세계에 영향력을 미쳤지요. 1198년에 로타리오 데이 콘티 디 세니는 교황 인노켄티우스 3세가 되었어요. 인노켄티우스 3세는 영향력이 아주 커서 유럽 가톨릭 국가들의 지도자를 자기가 원하는 사람으로 고를 수 있었고, 자기 말을 듣지 않는 왕은 내칠 수도 있었어요. 또 잔인한 종교 재판을 만들고, 가톨릭교회의 힘을 키우기 위한 '십자군 전쟁'을 일으키기도 했지요.

교황 인노켄티우스 3세(1160년~1216년)

권력 투쟁

농민들이 반란을 일으키다!

왕이 땅을 주고 시민권도 늘려 주었지만 사회는 여전히 불평등했어요. 왕과 몇몇 귀족들을 제외한 대다수 농민들은 힘들게 살았지요. 잉글랜드의 왕 리처드 2세가 새로운 세금을 만들자, 분노한 농민들은 런던에서 대규모 시위를 벌였어요. 열네 살의 어린 왕은 반란을 진압했지만, 그러기 위해 농민들을 속이고 농민의 지도자 와트 타일러를 죽여야 했어요.

와트 타일러(1381년에 죽음)

조심조심 목 조심!

와트 타일러의 난이 일어난 지 400년 뒤, 프랑스에서 시민 혁명이 일어났어요. 1789년 프랑스 시민들은 루이 16세와 귀족들의 권력을 빼앗고 목을 잘라 죽였어요. 이를 계기로 프랑스는 입헌 군주제 국가가 되었고, 프랑스 혁명은 전 세계 정치에 영향을 미쳤어요.

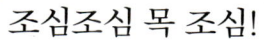
1381년   1492년   1789년

제국의 시대

중세 유럽은 사회가 불안한 시대였지만, 해양 기술이 크게 발전한 때이기도 했어요. 지도자들은 배를 이용해 권력을 해외로 뻗었어요. 1492년 탐험가 크리스토퍼 콜럼버스가 인도로 가는 무역 항로를 찾다가 신대륙(남아메리카)을 발견해 스페인 영토로 선언했어요. 원주민들은 스페인의 무기를 당해 낼 수 없었지요. 이로써 식민주의 시대가 열렸어요. 영국, 프랑스, 네덜란드가 스페인의 뒤를 이어 전 세계에 식민지를 건설하러 나섰지요.

크리스토퍼 콜럼버스(1451년~1506년)

정치의 시작

새로운 정치가 달려온다!

혁명이 정치를 변화시킬 수 있다는 것은 프랑스에서 증명됐어요. 하지만 가장 큰 혁명을 일으킨 것은 불만에 찬 사람들이 아니라 기계인지도 몰라요.

국제 연합(UN)의 탄생

두 차례의 세계 대전으로 전 세계는 엄청난 희생을 치러야 했어요. 그래서 1945년에 미국과 영국 등 세계 지도자들이 모여 평화를 위해 노력하기로 합의하고 국제 연합을 만들었어요.

산업 혁명

증기 기관이 발명되어 기계를 이용한 생산이 가능해지면서 정치에 정말로 큰 변화가 생겼어요. 어떤 변화냐고요? 18세기 후반에 시작된 산업 혁명은 물건을 더 많이 더 빨리 만드는 데 그치지 않고, 봉건 제도를 무너뜨렸어요. 노동자들은 노동조합을 만들어 권리를 주장했고, 돈을 쓰고 쉴 수 있는 여가 시간을 갖게 되었어요. 역사상 처음으로 국민이 자기 목소리를 낼 수 있게 된 거예요.

1800년대

"나 같은 독재자는 손을 들라."

1936년~1939년

1945년 1947년

극과 극의 싸움

20세기가 되면서 전쟁에 기계가 사용되었어요. 스페인 내전은 새로 정치권력을 잡은 파시스트 세력과 공산주의 세력이 새로운 전쟁 무기를 실험하는 장이었지요. 독일과 이탈리아의 파시스트가 스페인 파시스트를 도왔기 때문에 스페인은 제2차 세계 대전의 연습 장소가 되었어요. 전쟁에서 승리한 파시스트들은 프랑코 장군을 독재자로 세웠고, 그는 1975년까지 스페인을 통치했어요.

프랑코 장군(1892년~1975년)

독립기념일

마하트마 간디의 지도 아래 인도는 1947년 대영 제국의 지배에서 벗어나 독립을 했어요. 간디는 평화로운 저항을 통해서 군사력 못지않게 위대한 사람들의 힘을 보여 주었어요. 하지만 독립 후의 인도는 평화롭지 않았어요. 이슬람교 세력과 힌두교 세력 사이에 다툼이 벌어져, 힌두교 국가 인도에서 이슬람교 국가인 파키스탄이 떨어져 나갔지요.

"앞으로 60년 사이에 유고슬라비아, 체코슬로바키아, 소련 같은 국가들이 해체하면서 새 나라가 많이 만들어질 것이다."

마하트마 간디(1869년~1948년)

새로운 정치가 달려온다!

평등을 위한 싸움

20세기 아프리카는 사회 불안과 전쟁으로 몸살을 앓았어요. 1948년에 남아프리카 공화국의 국민당 정부는 '아파르트헤이트'라는 인종 격리 정책을 강력히 시행했어요. 그 후 50년 동안 남아프리카 공화국은 피부 색깔에 따라 사람을 차별했어요. '백인'은 좋은 공공 서비스를 이용할 수 있었지만, '흑인'과 '유색인'은 이용할 수 없었고 하층 계급 취급을 받았지요. 아파르트헤이트는 수십 년 동안 국내의 저항과 국제 사회의 반대가 이어진 뒤에야 무너졌어요. 1994년에 치른 평등한 민주 선거에서 넬슨 만델라가 이끄는 아프리카 민족회의가 승리하면서 남아프리카 공화국은 아파르트헤이트를 없앴어요.

넬슨 만델라 (1918년~)

1950년~1991년 1994년 2000년대

냉전

두 차례의 세계 대전 이후, 국제 정치는 핵미사일을 가진 초강대국들의 출현이라는 새로운 어려움에 부닥쳤어요. 자본주의를 대표하는 미국과 공산주의를 대표하는 소련이 서로에게 미사일을 겨누고 냉전(차가운 전쟁)을 벌이는 동안, 세계는 핵무기로 인한 대학살이 일어날지 모른다는 공포에 시달렸어요. 갈등은 1962년 쿠바 미사일 위기 때 절정에 이르렀지요. 냉전은 1991년 소련이 무너진 뒤에야 끝났어요.

인터넷과 정치

지금 우리는 어디에 와 있을까요? 산업 혁명 이후 약 200년이 지난 지금 우리는 컴퓨터 혁명의 한가운데에 있어요. 인터넷이 퍼지면서 사람들은 자기 집에서 온 세계와 접촉하며 다른 나라의 정치 상황에 대해 견해를 주고받을 수 있게 되었어요. 또 블로그, 트위터, 미니 홈페이지 등을 통해서 자유롭게 자기 의견을 표현할 수 있지요. 민주주의는 아직 컴퓨터 기술을 완전히 끌어안지 못했지만, 인터넷은 머지않아 선거의 핵심 수단이 될 거예요.

여러분 가정의 규칙은 누가 만드나요?
학교의 규칙, 축구부의 규칙은
누가 만들었나요?

가정과 학교, 축구부의 지도자처럼
국가의 지도자는 다른 사람들을 대표해서
규칙을 만들고 결정을 내려요.

우리나라의 지도자는
어떤 종류의 지도자일까요?
우리 정부는 어떤 종류의 정부일까요?
어떻게 영국 같은 나라는
여왕과 총리가 동시에 통치를 할까요?

우리나라에서 진짜 권력을
가진 사람은 누구일까요?
그는 통치자의 자리에
어떻게 올랐을까요?

나는 그저
통치자가 누구인지
알고 싶었을 뿐이야!

너의 지도자를 보여 줘

지도자가 되려면 권위가 있어야 돼.

나는

모든 국가에는 지도자가 있어요.
왕이나 여왕, 총리, 대통령 같은 이들이 사람들을 이끌지요.

내 말이 곧 법이야!

예전에 주권자는 국민들로 하여금 모든 규칙과 규정을 강제로 따르게 할 수 있는 권위를 가졌어요.

식량을 얼마나 마련해야 하나

주권자들은 얼마나 많은 땅을 경작지로 쓸지, 식량을 얻기 위해 어느 나라와 무역을 할지를 결정했어요.

사법 제도

주권자는 국가의 법률을 만들고, 사람들이 법을 어길 때 처벌해요.

교육

주권자는 여자는 학교에 갈 수 없다거나 하층 노동자는 특정 직업을 갖지 못한다는 명령을 할 수도 있어요.

주권이란 무엇인가?

주권이란 규칙을 만들고 국가를 운영할 수 있는 권위예요. 주권자는 법을 만들 권력이 있고 사람들에게 법을 따르게 할 권리가 있지요. 지난날 유럽의 왕과 여왕들은 절대권력을 가졌어요. 왕이 어떤 법을 만들건 국민은 무조건 따라야 했지요. 오늘날 우리가 국회의원을 뽑는 이유는 우리를 대신해서 결정을 내릴 주권의 권위를 주기 위해서예요.

칼리굴라 (12년~41년)

로마 황제로서 나는 내 말을 정부 관리로 임명할 권위가 있다. (실제로 임명하지는 않았어.)

주권 국가

주권은 지도자가 국민에게 갖는 권위만을 말하지 않아요. 국가가 세계에서 갖는 위치도 말하지요. 주권 국가는 다른 나라의 지배를 받지 않아요. (그 나라가 다른 나라를 지배하는지 아닌지는 주권 국가가 되기 위한 조건과 상관없어요.) 주권은 국제 무역 같은 분야에서 중요해요.

프랑스

마르티니크

프랑스는 1635년부터 거리가 수천 킬로미터 떨어진 마르티니크 섬에 대해 주권을 갖고 있어요.

권력을 가졌도다!

전통적으로 국가의 지도자는 주권자라고 불렸어요. 옛날에는 한 사람의 주권자가 모든 권력을 가졌어요. 하지만 오늘날 많은 나라에서는 국민과 국민이 뽑은 대표자의 집단이 주권을 가져요.

땅=권력

주권은 땅을 소유하는 것과 깊은 관계가 깊어요. 땅의 주인인 지주들은 자기 땅에 사는 사람들을 다스릴 권리가 있고, 그 땅에서 나는 자원(석유, 금, 농작물 등)도 소유해요. 군주가 통치하는 나라에서 군주(왕이나 여왕)는 실제로 땅의 주인이었어요. 군주가 나라에서 가장 넓은 땅을 가진 지주인 경우도 많았어요. 예전에 군주들은 다른 왕족과 결혼해서 왕국을 합치거나 다른 나라를 침략해서 땅을 넓혔어요. 탐험가들도 새로운 땅을 발견하면 자신이 아닌 주권자의 땅이라고 선포했지요.

주권 다툼

특정 지역을 통치하는 주권에 대해 국가 간에 생각이 엇갈리기도 해요. 그런 문제를 두고 많은 전쟁이 벌어지곤 했어요. 예를 들어 아르헨티나와 영국은 포클랜드 제도의 주권을 두고 싸웠지요.

오스만 제국이 보내는 인사

유럽 / 그때 내가 지낸 곳 / 흑해 / 지중해 / 북아프리카 / 중동 / 아프리카

제국은 한 사람이 넓은 영역에 걸친 여러 나라를 다스리는 거예요. 오스만 제국은 1299년부터 1922년까지 600년이 넘게 이어졌고, 36명의 술탄(오스만 제국의 황제)이 다스렸어요.

■ 오스만 제국

술레이만 대제
(1494년~1566년)

나는 술탄, 이 모든 땅을 통치한다. 내 터번의 크기를 보면 내가 얼마나 높은 사람인지 알 것이다.

부족 사회의 시작

부족 1이 사는 곳   부족 2가 사는 곳

최초의 부족은 아주 오랜 옛날에 나타났어요.

충성과 지도력

부족 사회는 대개 함께 생활하고 노동하는 가까운 친족 집단들이 모여서 이루어졌어요. 서로가 서로를 믿고 충성하며 지도자인 족장을 존경함으로써 유지되었지요. 부족민들은 지도자가 자신들을 위해 통치한다고 믿었기 때문에 그의 결정에 반대하지 않았어요. 부족의 크기가 작은 것도 도움이 되었어요. 사람이 많아질수록 믿음과 충성을 유지하기 힘들기 때문이에요.

> 나는 현명하고 강력한 족장이다. 우리 부족은 규모가 크다. 하지만 부족민 사이의 유대가 약해져서 걱정이다.

일단 복종!

> 우리 부족은 규모가 작지만, 서로가 서로에게 충성을 바친다.

마커스 레빙스, 아메리카 원주민 세 부족 연합 의장

내가 통치자다!

족장의 가장 큰 책임은 전쟁을 승리로 이끌고, 평화를 유지하며, 이웃 부족과 교역하는 것이었어요. 또 부족을 대표해서 법을 만들고 여러 가지 결정도 내려야 했지요. 누가 족장이 되느냐 하는 기준은 부족에 따라 달랐어요. 어떤 부족은 지혜와 힘이 뛰어난 사람을 족장으로 뽑았고, 어떤 부족은 나이와 경험이 많은 사람을, 또 어떤 부족은 통치 가문에 속하는 사람을 선택했지요.

땅의 법

현대의 국경은 옛 부족들 사이에 있던 땅의 경계를 모두 허물었어요. 부족 지도자들은 아직도 부족민을 위한 결정을 내리지만, 자기 부족이 속한 국가의 법도 따라야 해요. 예를 들어 미국에 사는 아메리카 원주민은 자치권이 있지만, 다른 미국 시민들과 마찬가지로 미국의 법을 지켜야 하지요.

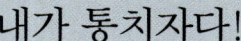

토지 소유권에서 발달한 계급 제도는 누가

부족 사회의 시작

현대의 정부 제도는 원시 시대의 부족 사회에서 시작되었어요.
뚜렷한 국경이 생겨나기 전에 땅은 지역으로 나뉘고,
각각의 지역마다 부족과 부족 지도자가 살았어요.
부족의 지도자는 그 지역을 통치하며 규칙을 만들었고,
그보다 높은 사람은 아무도 없었어요.

부족에서 계급으로

원시 부족들은 먹을 것이 풍부하고 날씨가 좋은 곳을 찾아 떠도는 유목 생활을 했어요. 그러다 차츰 사람들이 한 곳에 정착하면서 땅을 소유하게 되었어요. 그러자 계급 제도가 생겨났어요. 상층 계급은 토지를 소유했고, 그에 따라 부와 권력을 가졌어요. 중간 계급은 자기 집은 있지만 토지는 없었어요. 하층 계급은 땅도 집도 전혀 가지지 못했어요.

계급의 과거와 현재

사람들을 계급으로 나누는 것은 일상생활뿐 아니라 정치에서도 중요했어요. 과거에 전 세계 많은 지역의 통치자는 상층 계급 출신이었고, 왕이나 황제는 그중에서도 가장 신분이 높았어요. 권력이 왕에게서 의회로 넘어갔을 때는 상층 계급에 속하는 귀족이 의회를 구성했어요. 오늘날 대부분의 나라에서는 모든 국민이 평등하고, 어느 계급 출신이든 선거에 참여하고 정치인이 될 수 있어요.

계급의 세계

역사상 많은 사회가 계급 제도를 시행했지만, 오늘날 대부분의 나라는 계급이 없는 평등한 사회를 지향해요.

유럽 봉건 제도
중세 유럽의 봉건 제도는 전쟁과 관련이 있어요. 전쟁에 나가 싸우는 기사들도 상층 계급을 이루었지요.

일본 봉건 제도
중세 일본에는 전사 계급이 다섯 단계나 됐지만, 백성의 90퍼센트는 농민이었고 최하층 계급은 상인이었어요.

인도 카스트 제도
힌두교의 가르침에 따라 최고 카스트(계급)는 종교 지도자들이 차지했어요.

권력의 피라미드

- 통치자 — 왕 또는 황제
- 상층 계급 — 귀족 또는 고위 군인
- 중간 계급 — 숙련된 노동자
- 하층 계급 — 육체 노동자

통치자가 될 수 있는지를 결정했어요.

너의 지도자를 보여 줘

나만의 정부를 만들어 보자

정부는 국가를 다스리는 집단이에요. 세계에는 다양한 종류의 정부가 있어요. 정부를 이루는 기본 부품은 다 똑같지만, 조립하는 방법은 한 가지만이 아니에요.

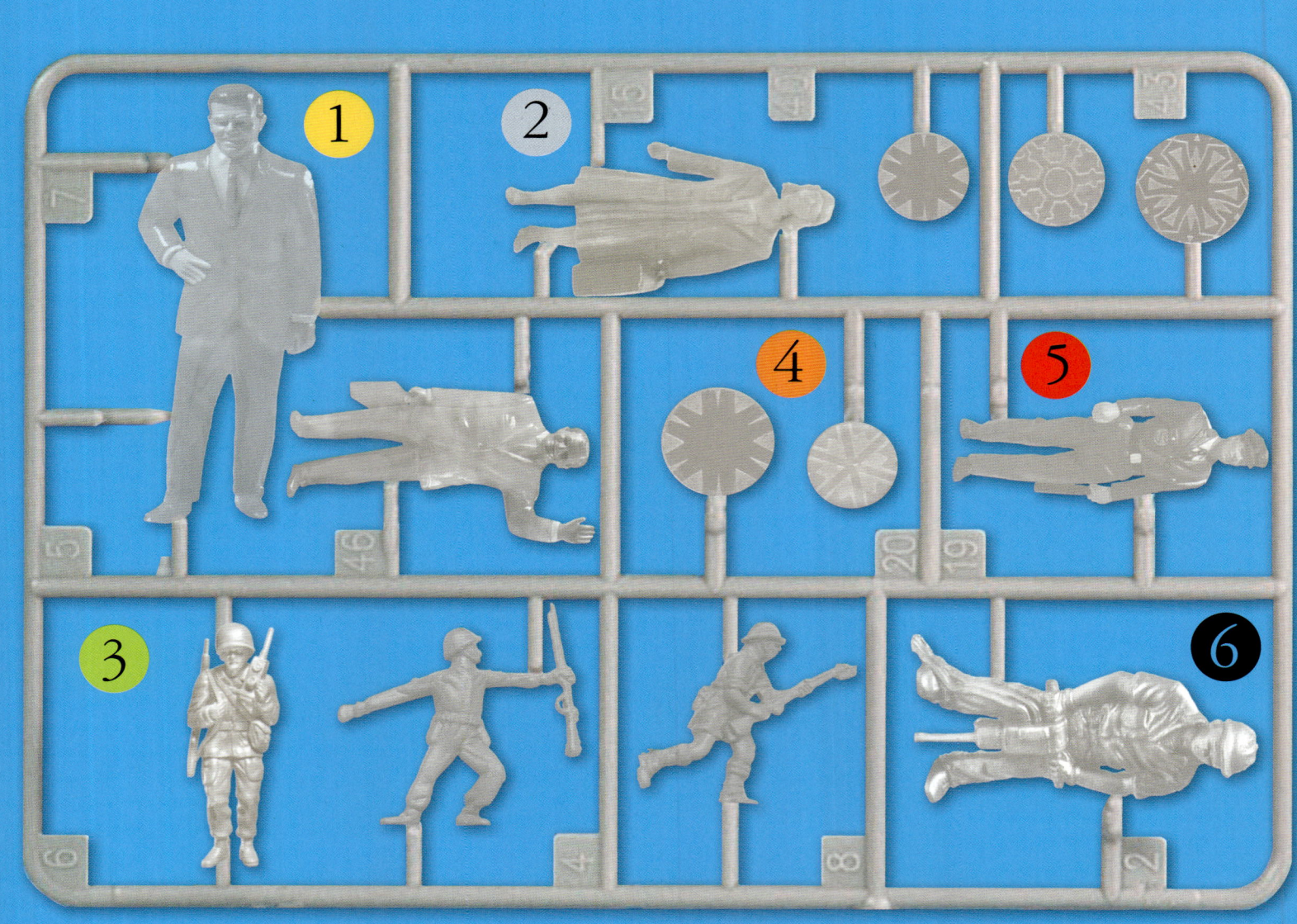

정부를 이루는 부품을 붙여 주는 접착제는
정부의 정치, 곧 이념과 법이에요.

나만의 정부를 만들어 보자

"내 마음대로 할 수 있다면 다른 방법으로 만들 거야."

정부가 국가와 국민을 다스리는 방법은 정부의 구조와 정치, 지도자에 따라 달라져요.

"내가 바로 통치자, 중요한 결정은 내가 내린다."

1 지도자
지도하거나 안내하는 사람

모든 집단은 지도자가 필요해요. 지도자는 최종 결정을 내릴 권리가 있지만, 일이 잘못되면 그에 대한 책임을 져야 해요. 어떤 정부에서는 대통령 또는 총리가 지도자이지만, 왕이나 독재자를 지도자로 삼는 정부도 있어요.

2 정치인
정치를 하는 사람들

어떤 지도자도 모든 일을 혼자서 다 할 수는 없어요. 정부는 정치인들로 이루어지고, 이 정치인들이 법을 만들거나 바꾸는 일을 하지요. 어떤 정부에서는 정치인들이 무엇이 가장 좋을지 전문가의 조언을 듣지만 정치인이 지도자의 명령만 따르는 정부도 있어요.

3 군대
국가를 지키는 사람들

국가 방위는 위험하지만 중요한 일이에요. 군대가 나라를 지키지 않으면 다른 나라의 침략을 받을 수 있어요. 정부는 국가를 위해 가장 좋은 방법을 찾아서 언제 어디서 군사 행동을 할지 결정해요. 다른 국가를 침략하는 것도 그런 결정 가운데 하나예요.

4 돈
통치하는 자원

우리가 물건을 살 때 돈이 필요하듯이 국가도 일을 하려면 돈이 필요해요. 정부는 국민에게 세금을 걷어 돈을 마련해서 공공 서비스를 제공하고 다른 나라와 무역을 해요. 물론 자신에게 봉급도 주고요.

5 법과 질서
국민을 통제하는 규칙

법과 질서는 국가를 안전하게 살 수 있는 곳으로 만들어 줘요. 정부의 일은 법을 만들고 잘 실행되게 하는 것이에요. 그렇게 하기 위해 경찰과 법원이 필요해요. 이들은 질서를 유지하고, 법을 어기는 사람을 처벌해요.

6 공공 서비스
국민에게 필요한 것

건강(병원), 교육(학교), 국방(군대)은 정부가 국민에게 제공하는 공공 서비스들 중의 일부예요. 정부가 얼마나 많은 서비스를 제공하는지는 나라에 따라 달라요.

너의 지도자를 보여 줘

만약 내가 나라를

어떤 형태의 정부를 운영하면 좋을까요? 정부는 종류에 따라 여러 가지 형태가 있고 나름의 구조와 사상이 있어요. 정부가 중요한 일을 결정하고, 법을 실행하고, 나라를 운영하는 방식은 모두 누가 통치를 하는지, 또 통치자가 무엇을 중요하게 여기는지에 달려 있어요.

부족 통치
우리는 오랜 세월 동안 우리 부족을 통치했다. 새로운 나라 안에 우리 부족의 땅이 있으니 우리에게 이 나라를 통치할 권한이 있다.

신권 정치
나는 신이 이 나라를 통치한다고 믿는다. 국가의 법은 종교 경전에 따라야 하고, 사제인 내가 사람들에게 경전의 뜻을 해석해 줄 것이다.

귀족 정치
뛰어난 소수의 귀족이 통치해야 한다. 우리는 상층 계급이고 무엇이 최선인지 잘 안다.

군주제
나는 통치자가 되기 위해 태어났다. 나는 여왕으로서 내 나라를 위해 최선을 다할 것이다. 그다음에 내 맏아들에게 왕위를 물려 줄 것이다.

민주주의
누구나 자기 의견을 말할 권리가 있다. 우리는 투표를 통해 최선의 후보를 뽑을 것이고, 우리 대표는 국민의 의견을 들을 것이다.

군사 독재
내가 통치자다. 군대가 내 뒤에 있으니 너희는 내가 시키는 대로 해야 한다.

무정부주의
통치자는 필요 없다! 명령하는 사람도 필요 없다. 나는 누구의 말도 듣지 않을 것이다. 엄마 말만 빼고.

정부 형태들 가운데 어떤 것은 다른 것들보다

만약 내가 나라를 통치한다면……

통치한다면……

모든 정부는 두 가지 종류로 나눌 수 있어요. 전제주의 정부는 한 사람 또는 소규모 집단이 통치하는데 이들은 대개 선거가 아닌 다른 방법으로 권력을 가져요. 반면에 민주주의 정부에서는 국민이 통치자를 뽑는 데 참여하지요.

실력 정치
능력에 따라 통치자를 뽑아야 한다. 재능 있고 똑똑한 사람이 통치해야 한다. 그러니까 나 같은 사람이.

장로 정치
우리는 나이가 많기 때문에 그동안 쌓은 경험과 지혜로 통치할 수 있다.

제비뽑기 정치
제비뽑기에서 내 이름이 뽑히면 내가 통치할 차례가 된다. 아주 잠시뿐이지만. 다음번 지도자 역시 제비로 뽑을 것이다.

금권 정치
나는 부자다! 나와 내 친구들이 통치를 해야 한다. 우리는 돈이 많으니까.

기업가 정치
우리는 이 나라 최고의 기업가들이다. 우리가 가진 영향력과 기업의 권력으로 통치를 해야 한다.

지주 정치
우리는 땅을 소유하고 있기 때문에 영원히 이 나라에 연결되어 있다. 우리는 이 땅의 이익을 가장 중요하게 여긴다.

해양 정치
바다로 나가서 해양 제국을 건설할 것이다. 항구와 무역을 우리가 지배하면 나라도 통치할 수 있다.

전 세계에 더 많은 영향력을 미쳐요.

너의 지도자를 보여 줘

모두는 하나를 위해,

고대 그리스의 철학자 아리스토텔레스는 정치에 대해 여러 가지 말을 남겼어요. 특히 정부의 의도에 관심이 많아서 정부가 권력을 자신을 위해 쓰는가 아니면 민중을 위해 쓰는가에 따라 정부의 통치 방식을 구분했지요.

아리스토텔레스
(기원전 384년~기원전 322년)

군중 통치

아리스토텔레스는 국가가 '부유한 소수'와 '가난한 다수'로 나누어진다고 봤어요. 그리고 민주주의는 '가난한 다수에 의한 지배'를 의미한다고 생각해서 좋아하지 않았지요. 가난한 사람들은 자기 이익만 찾기 때문에 어리석은 군중에 의한 통치를 불러온다고 생각했거든요.

통치자의 수 + 의도

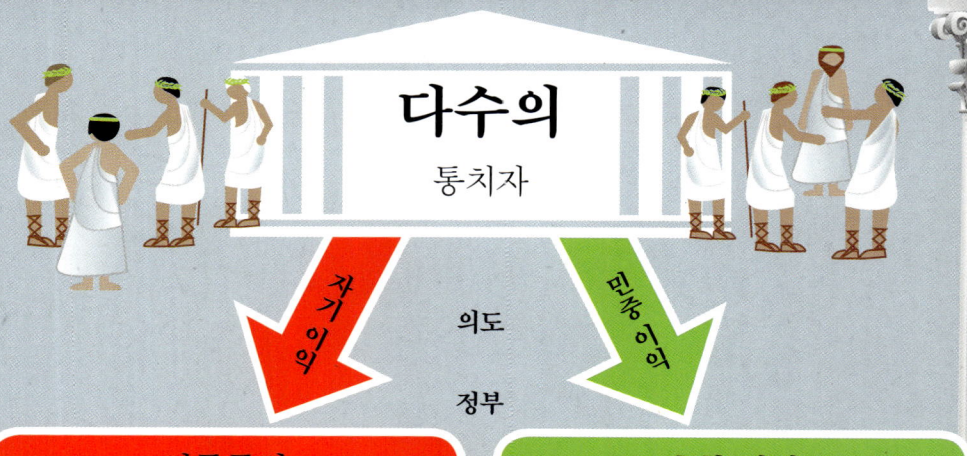

다수의 통치자

자기이익 / 민중이익
의도 정부

민주주의
아리스토텔레스는 "민주주의에서는 가난한 사람들이 부유한 사람들보다 더 많은 권력을 가질 것이다. 가난한 사람의 수가 더 많고, 다수의 의지가 가장 중요하기 때문이다."라고 말했어요.

혼합 정치
아리스토텔레스가 두 번째로 좋다고 생각한 정부 형태예요. 사회 전체에서 되도록 많은 사람이 정부에 참여하면, 좀 더 공정한 해결책이 나온다고 보았어요.

자기이익
의도 정부

과두 정치
과두 정치에서는 '부유한 소수'가 통치를 해요. 사회의 일부가 자신들을 위해 통치한다는 점은 민주주의와 비슷하지만, 통치하는 사람의 수가 적다는 점은 민주주의와 다르지요.

모두는 하나를 위해, 하나는 모두를 위해

하나는 모두를 위해

한 사람, 소수, 다수

아리스토텔레스는 모든 형태의 정부를 통치자의 수에 따라 세 가지로 나누었어요. 통치하는 사람의 수는 사회적 지위와도 연결되었어요. '소수'는 부유했고, '다수'는 가난했기 때문이에요. 문제는 어느 집단이 권력을 잡아도, 다른 집단은 소외된다는 것이었어요.

최선의 해결책

아리스토텔레스는 군주제를 가장 좋은 정부 형태로 여겼어요. 현명하고 자비로우며 민중을 위하는 한 사람이 최고 통치자 겸 입법자가 되어야 한다고 생각했지요. 하지만 이런 사람이 그리 자주 나타나지 않는다는 것도 잘 알았어요!

= 정부 형태

소수의 통치자

민중이익 / 의도 / 정부

귀족 정치

아리스토텔레스는 귀족 정치를 부유한 소수가 민중을 다스리는 것이라고 보았어요. 귀족 정치는 대개 상층 계급의 통치를 가리키지만, 오늘날에는 교육을 많이 받은 사람을 상층 계급에 포함하기도 해요.

한 명의 통치자

자기이익 / 의도 / 정부 / 민중이익

전제 정치

국민 전체보다 자신의 이익을 앞세워 나라를 통치하는 사람을 전제 군주 또는 폭군이라고 해요. 아리스토텔레스는 전제 군주가 나라를 다스리는 전제 정치가 '최악의 정부 형태'라고 했어요.

군주제

아리스토텔레스의 시대에 군주는 민중을 위해 통치하는 한 사람의 통치자를 의미했어요. 하지만 오늘날에는 군주라고 하면 대개 세습에 의해 그 지위를 물려받는 사람을 말하지요.

너의 지도자를 보여 줘

군주제란

군주제란 '한 사람이 통치하는 정치 방식' 왕이나 황제 같은 군주 한 사람이 국가를

의회가 생기기 전에 세계 대부분의 지역은 왕이나 여왕(또는 황제, 파라오, 카이저, 차르 등)이 다스리는 군주제를 따랐어요. 군주는 대개 선거로 뽑히는 것이 아니라 물려받는 자리였어요. 군주는 무한한 권력으로 자기 왕국의 질서를 유지했어요. 그러기 위해 군주는 군대를 이끌고 전쟁터에 나가고, 종교 지도자 역할을 하고, 세금을 걷었어요.

군주가 되는 방법

세습의 원칙

왕이나 여왕은 아무나 지원할 수 있는 자리가 아니에요. 군주는 대개 '세습 규칙'에 따라 부모에게서 왕위를 물려받았어요. 군주가 죽거나 물러나면 권력은 계승 서열 1위인 사람에게 돌아가는데, 대개 맏아들에게 주어졌지요. 군주는 주로 아버지 쪽 혈통으로 이어지기 때문에, 큰딸이 있어도 아들이 왕위를 물려받는 경우가 많았어요. 오랜 세월 동안 통치를 계속하는 가문을 가리켜 왕조라고 해요.

가문의 진실

왕위를 놓고 다투는 전쟁에서 지면 왕조도 막을 내리게 됐어요. 새 군주는 흔히 자신이 진정한 왕위 계승자라는 것을 강조하려고 했어요. 그래서 새로운 가계도를 만들고 때로는 서류도 조작했어요.

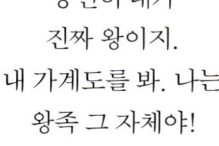

당연히 내가 진짜 왕이지. 내 가계도를 봐. 나는 왕족 그 자체야!

신성한 권리

사람들이 왕위에 도전하는 것을 막기 위해서 '신성한 권리'를 주장하는 방법도 쓰였어요. 17세기 영국의 제임스 1세는 왕위에 대한 도전을 끝내기 위해, 왕은 신이 한 명 한 명 직접 임명하는 것이라고 말했어요. 일찍이 고대 이집트 사람들은 파라오는 인간의 몸을 입은 호루스 신이라고 믿었지요.

내가 너를 다음번 국왕으로 뽑노라!

"왕이 다스리는 군주제는 최고의 정부 형태 가운데 하나다. 왕이 모든 사람들을 위해 통치한다면 말이다."

군주제란 무엇일까?

무엇일까?

을 의미해요.
다스리는 것을 가리키지요.

오늘날의 군주제

현대 국가 가운데는 입헌 군주제인 나라가 많아요. 입헌 군주제 국가에서 군주는 국가 원수라는 형식적 역할을 할 뿐, 실제 권력은 국민이 뽑은 의원들이 모인 의회에 있지요. 과거에 국민은 군주에게 세금을 냈지만, 오늘날 대부분의 군주는 국민의 한 사람으로서 세금을 내지요. 어떤 입헌 군주제 국가는 군주제를 그만두고 공화국이 되었어요. 공화국은 정부의 모든 관리들을 선거로 뽑는 나라예요.

스페인, 요르단, 말레이시아,
스웨덴, 벨기에는
입헌 군주제 국가예요.

나는 절대로 완전한 군주다!

절대 군주제는 한 사람이 정치권력을 독차지하는 제도예요. 프랑스의 루이 14세 왕(1643년~1715년 재위)은 "내가 곧 국가다."라는 말을 남겼어요. 사우디아라비아는 절대 군주제를 실행하는 현대 국가로, 국가 원수가 정부의 수장 역할도 해요.

사우디아라비아의 왕이자 총리인
압둘라 이븐 압둘 아지즈 알사우드

군주제의 기록들

가장 어린 나이에 군주가 된 사람은 스코틀랜드의 메리 여왕(1542년~1587년)이에요. 메리는 태어난 지 엿새 만에 왕관을 물려받았어요.

태국의 국왕 푸미폰 아둔야뎃은 현재 살아 있는 군주 가운데 가장 오랫동안 왕위에 있어요. 1946년 6월 9일부터 지금까지 왕위에 있거든요.

하지만 푸미폰 왕도 아직 파라오 페피 2세의 기록을 깨지 못했어요. 페피 2세는 90년 동안 통치했다고 하거든요.

머리를 잘라라!

군주로 사는 것은 쉽지 않아요. 사실 왕의 뜻을 어기거나 정치가 잘못되었다고 말할 수 있는 사람은 별로 없어요. 하지만 사람들의 불만이 크게 쌓이면 혁명이 일어날 수 있지요. 루이 16세와 마리 앙투아네트 왕비는 프랑스 혁명이 일어난 지 4년 뒤, 1793년에 처형당했어요.

아야! 그러니까
국민 여러분은 내가 별로
마음에 안 든다는 뜻?

"하지만 왕이 자신만을 위해 통치하면 폭군일 뿐이고 정치는 최악이 된다."
아리스토텔레스(기원전 384년~기원전 322년)

너의 지도자를 보여 줘

신권 정치란

> 고대 중국 황제인 나는 하늘의 아들이다. 이 땅을 다스리라고 신들이 나를 내려 보냈다.

신권 정치란 '신이 통치하는 정치 실제로는 신을 대신하는 통치자가

신권 정치는 국가가 신앙과 종교 경전을 토대로 삼아 법을 만들고 결정을 내려 나라를 다스리는 것을 말해요. 지도자는 종교의 가르침과 권위 아래 일하지요.

더 높은 권력

오늘날 국가 지도자들은 권력을 얻고 지키기 위해 정치 제도를 이용해요. 정치 제도가 발전하기 전에는 종교를 권력의 원천으로 사용한 경우가 많았어요. 지도자들은 신앙과 미신을 이용해서 자신의 지위를 확고하게 다졌는데, 특히 위기의 시대에 그렇게 했지요.

자연 숭배
원시 인류는 땅과 자연의 힘을 숭배했어요. 사람들은 지진, 홍수, 가뭄처럼 이해할 수 없는 자연 현상을 극복해야 했어요. 우리 조상들은 자연에 두려움을 품고 존경을 바치며 살아갔어요.

많은 신
문명이 꽃피면서 종교도 번성했어요. 이집트, 그리스, 로마 같은 강력한 고대 문명에서는 많은 신을 섬겼어요. 통치자들은 신의 힘과 신에 대한 두려움을 이용해서 지위를 굳히고 권력을 유지했어요.

희생 의식
수백 년 전 잉카와 마야 같은 남아메리카 문명에서는 위기가 닥치면 희생 의식을 벌여서 신에게 도움을 요청했어요. 통치자들은 나쁜 일도 신의 탓으로 돌려서 자신들의 잘못을 숨겼어요!

세계 종교
종교의 힘은 국경을 넘어 뻗어 갔어요. 여러 국가가 하나의 종교를 받아들이고 가르침을 따랐어요. 그 다음에는 국가 지도자들이 종교 차이를 이유로 들며 다른 나라를 침략해서 많은 전쟁이 벌어졌어요.

무엇일까?

형태'라는 뜻이에요.
신의 뜻에 따라 지배권을 가지고 통치하지요.

계몽주의 시대

종교는 수천 년 동안 전 세계와 세계를 다스린 지도자들에게 막대한 영향을 미쳤어요. 통치자들은 자기 욕심에 맞게 신앙을 고쳤어요. 몽골의 지도자 칭기즈칸(1162년~1227년)은 여러 종교를 시험한 끝에 이슬람교를 선택했어요. 반면에 18세기에 이르러 유럽의 철학자와 과학자들은 신앙과 종교가 아니라 이성과 과학이 국가의 토대가 되어야 한다고 생각했어요. 이 시기를 계몽주의 시대라고 해요.

세속 국가

계몽주의 사상은 전 세계로 퍼졌고, 대부분의 국가는 종교와 국가는 별개라는 내용을 헌법에 실었어요. 공식 종교가 없는 국가를 세속 국가라고 해요. 그렇다고 세속 국가가 종교를 금지하는 것은 아니에요. 종교를 가지고 싶은 국민은 각자 자신이 원하는 종교를 선택할 수 있어요.

종교 지도자

아직도 종교적 가치와 경전을 정부 행정과 입법의 토대로 삼는 나라가 있어요. 오늘날 신권 정치에 가장 가까운 나라는 바티칸 시국이에요. 바티칸에서는 교황이 국가 지도자로 활동하면서 가톨릭교 신의 이름으로 주권을 행사해요. 이슬람교 국가인 이란 공화국도 종교와 정부 조직을 하나로 만들려고 해요. 종교 지도자들로 이루어진 최고 회의가 국가 정치를 지도하고, 선거로 뽑힌 대통령과 정부는 국가를 일상적으로 운영하는 일을 하지요.

> 종교란 오직 인간과 신 사이에 벌어지는 일이다. (······) 입법 기관은 어떤 법도 종교 제도에 매이지 않게 하고 자유로운 종교 활동을 금지하지 않게 해서, 교회와 국가 사이에 장벽을 세워 분리해야 한다.

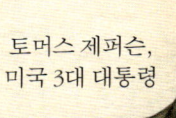

토머스 제퍼슨, 미국 3대 대통령

교황 베네딕토 16세 이란 대통령 마무드 아마디네자드 이란 최고 지도자 아야톨라 알리 하메네이

너의 지도자를 보여 줘

독재 정치란

독재 정치란 '한 사람이 자기 뜻대로 나라를 통치자가 모든 권력을 차지해서 모든 일을 혼자서

국가를 어느 한 사람이 완전히 장악하고 다스린다면 독재라고 할 수 있어요. 독재자는 모든 권력을 움켜쥐고 모든 법을 만들어요. 오늘날 독재라고 하면 모두 나쁘게 보지만 예전에는 독재 정치가 좋은 역할을 한 경우도 있었어요.

고대 로마에서……

독재 정치의 개념은 고대 로마에서 생겼어요. 국가에 위기가 닥치면 정부는 잠시 동안 한 사람에게 절대 권력을 주고 위기를 극복하게 했어요. 기원전 458년에 로마에 전쟁이 벌어지자 정부는 농부 킹킨나투스에게 딕타토르(독재관)가 되어 달라고 부탁했어요. 킹킨나투스는 군대를 지휘해서 전쟁을 승리로 이끌었어요. 전쟁이 끝나자 정부는 권력을 다시 가져갔고 킹킨나투스는 고향에 가서 농사를 지었어요.

……현대까지

현대의 독재자는 고대 로마에서처럼 잠시 동안만 활동하지도 않고 다른 사람들에게 임명받지도 않아요. 독재자는 권력을 움켜쥐고 자기 멋대로 나라를 다스려요. 악독한 독재자는 국민은 조금도 생각하지 않고 잔인하게 폭력을 휘둘러요. 이디 아민은 1971년에서 1979년까지 우간다를 지배한 폭군이었어요.

백부장들이여, 잘 싸웠다. 이제 원하는 사람은 나와 같이 밭으로 가자.

이디 아민은 스스로를 '종신 대통령, 육군 원수 알 하드지 이디 아민 박사, 지상의 모든 짐승과 바다 물고기 들의 군주, 아프리카 전체, 특히 우간다에서 대영 제국의 정복자'라고 불렀어요.

무엇일까?

독재 정치란 무엇일까?

다스리는 통치 형태'를 뜻해요.
처리하는 정치 방식을 가리키지요.

자비로운 독재자 주제페 가리발디는 19세기에 이탈리아를 통일해서 이탈리아의 국민 영웅으로 추앙받고 있어요.

독재자와 폭군

독재자를 '폭군'이라고 부르는 경우도 있어요. 폭군은 잔인하고 폭압적인 통치자를 뜻해요. 독재자가 늘 잔인한 것은 아니에요. 드물기는 했지만, 민중의 삶을 개선시키려고 권력을 잡은 자비로운 독재자도 있었어요.

권력 잡기

독재자는 흔히 무력이나 술수를 써서 권력을 잡아요. 쿠데타를 일으켜 본래 있던 정부를 무너뜨리는 경우도 많아요. 정부가 아무리 약해도 본래 정부를 무너뜨리고 수백, 수천만 명의 국민을 통치하는 것은 한 사람이 해내기 힘든 일이에요. 현대의 독재 국가는 대부분 군대가 독재자를 도와줘요. 독재자는 군대의 힘으로 새로운 정부에 대한 불만을 잠재워요.

권력 유지하기

독재자는 일단 권력을 잡으면 다양한 방식으로 국민을 통제해요. 독재자에 반대하는 정당을 만들지 못하게 하지요. 신문, 라디오, 텔레비전은 국가의 공식 이념을 지지해야 하고, 거부하면 문을 닫게 만들어요. 뉴스는 독재자의 나쁜 모습뿐 아니라 늙거나 아파 보이는 모습도 보여 줄 수 없어요. 정부 정책을 비판하는 책과 예술 작품은 금지돼요. 학교 같은 공공 기관도 국가의 통제를 받아서 독재자가 원하는 내용만 가르치게 되지요.

이라크의 사담 후세인은 쿠데타를 일으킨 뒤 1979년에 권력을 잡았어요.

너의 지도자를 보여 줘

민주주의란

민주주의는 '국민의 통치'라는 뜻이에요. 국민이 권력을 가지고 자신들의 권력을 스스로 행사하는 정치 방식을 뜻해요.

민주주의는 다른 모든 정부 형태들과 달라요.
사람들이 투표로 자신의 의견을 표현할 수 있기 때문이에요.

투표권

최초의 민주주의는 약 2,500년 전, 고대 그리스에 있었어요. 하지만 고대 그리스의 민주주의는 지금의 민주주의와는 달랐어요. 나라 전체가 아니라 각각의 도시가 자신만의 민주주의를 실행했지요. 자유민(노예가 아닌 시민)은 자리에서 일어나 자기 생각을 발언할 수 있었고 투표도 할 수 있었어요. 하지만 여자, 어린이, 노예는 발언권도 투표권도 없었지요.

어느 도시나 똑같아. 우리는 권리가 없어!

민주주의는 크게 두 가지 종류로 나뉘어요.

직접 민주주의

고대 그리스의 도시에서는 분주한 시장에서 많은 시민들이 저마다 연설을 해서 자기 생각을 전했어요. 동의하는 자유민은 찬성 투표를 할 수 있었어요. 이것은 직접 민주주의예요. 오늘날에도 직접 민주주의 제도가 있어요. 나라가 어떤 문제에 대해 국민들에게 직접 투표를 요청하는 국민 투표예요.

에이! 말도 안 되는 소리.

그거 좋은 생각이네! 저 사람에게 투표하겠어.

대의 민주주의

오늘날 대부분의 민주주의 국가는 대의 민주주의예요. 국민이 투표를 해서 자신들의 대표인 국회의원을 뽑고, 이런 대표들이 다시 정부의 일에 투표하는 제도예요. 국민은 자신들의 대표를 뽑아서 정부에 들여보낼 힘이 있지만, 권력을 얻은 대표가 국민의 목소리를 잘 듣지 않는 경우도 많아요.

내 생각에 동의한다면 나를 뽑아 주십시오.

권력

이제 권력이 생겼으니 내가 원하는 대로 할 수 있어.

민주주의란 무엇일까?

무엇일까?

"국민을 위한, 국민에 의한, 국민의 정부"
에이브러햄 링컨(1809년~1865년), 미국 16대 대통령

현대 민주주의가 정말 민주주의일까?

현대 민주주의가 사실은 그다지 공정하지 않다고 말하는 사람들도 있어요. 대부분의 정치적 결정은 부유한 사람과 가난한 사람에게 아주 다른 영향을 미치기 때문이에요. 또 소수 집단의 주장은 잘 전달되지 않아요. 소수자의 권리를 보호하는 법이 시행되고 있더라도 말이에요. 민주주의 사회라 해도 언제나 모두가 최선의 결과를 얻는 것은 아니에요.

투표가 중요하다

직접 민주주의에도 대의 민주주의에도 모두 투표가 필요해요. 사람들이 투표를 통해 자신이 원하는 것을 선택하니까요. 권력을 세습하거나 찬탈하는 군주제나 독재 정치와 달리, 민주주의 정부와 대통령, 총리 같은 통치자는 국민의 지지를 받아야 하지요. 정부가 국민의 뜻을 외면하면 국민은 다음번 투표에서 다른 쪽에 투표할 수 있어요.

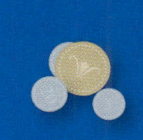

정당 민주주의 사회에서 사람들은 자신이 좋아하는 후보에게 투표할 수 있어요. 하지만 사상과 정책을 보고 투표하는 것이 더 좋아요. 정책은 대개 정당을 통해 알 수 있어요. 정당은 비슷한 생각을 가진 사람들이 한 가지 의제(당선되면 할 일들) 아래 모인 집단이에요.

"민주주의가 완벽하다거나 만능이라고 주장하는 사람은 아무도 없다. 사실 민주주의는 최악의 정부 형태라고들 한다. 다만 지금까지 이렇게 저렇게 시도한 다른 정부 형태들이 모두 민주주의보다 나빴을 뿐이다."

윈스턴 처칠
(1874년~1965년), 전 영국 총리

너의 지도자를 보여 줘

민주주의의

"건강한 정부는 건강한 나무처럼 몇 개의 가지로 나뉘어 있어야 한다."

민주주의 정부는 크게 세 가지 분야로 나뉘어서 나라 일을 결정해요. 각 분야는 전체 정치 영역의 한 가지 면을 담당하지요. 이것을 '삼권 분립'이라고 해요.

정책을 만드는 사람들

행정부는 국민의 삶을 개선시킬 정책을 만들고, 정책과 법을 실행해요. 선거로 뽑힌 지도자를 포함해서 시험을 통과하거나 임명된 주요 관리들을 중심으로 구성되지요.

우리 모두 새 법안에 동의하는 것 같군요. 입법부로 가져가서 투표를 합시다!

부통령 / 대통령 / 보좌관

행정부

버락 오바마 같은 미국 대통령은 국민과 선거인단이 투표로 뽑아요.

총리? 대통령?

의원 내각제에서는 행정부를 이끄는 사람을 총리라고 해요. 총리는 국민이 뽑지 않고, 의회의 다수당이 뽑아요. 다수당이란 선거에서 가장 많은 표를 얻어서 의회에 많은 자리를 차지한 당을 말해요. 대통령제 국가에서는 국민이 직접 자신이 원하는 대통령을 뽑아요. 또 지역을 대표하는 정치인도 뽑아 의회로 보내지요.

정부가 권력을 나누는 방법은

민주주의의 나무

나무

법을 만드는 사람들

입법부는 선거로 뽑은 의원들로 이루어져요. 행정부가 제출한 법안에 대해 토론하고 투표해 법을 만들어요. 어떤 나라는 입법부가 행정부의 잘잘못을 따지기도 해요. 행정부를 감시하는 것이지요!

몽테스키외 남작
(1689년~1755년)

의회의 의원들

국민 여러분! 이 법안은 국회에서 통과되었습니다. 이제는 법입니다.

입법부

법을 집행하는 사람들

사법부는 법원 제도를 통해서 법을 해석하고 실행해요. 또 국민이 공정하게 대접받고 인권을 보호받을 수 있게 하지요. 어떤 이들은 선거로 뽑고, 판사는 대개 지도자가 임명해요.

우리는 행정부와 입법부의 결정을 뒤집을 수 있어. 법을 해석하는 건 우리고, 국민은 모두 법의 지배를 받으니까.

사법부

판사   검사

권력 나누기

총리와 대통령이 모두 있어서 책임을 나누는 나라도 있어요. 인도에서 총리 만모한 싱은 정부의 우두머리이고, 대통령 프라티바 파틸은 나라를 대표하는 국가 원수예요.

이런저런 민주주의

오늘날 세계 인구의 절반이 민주주의 국가에서 살아요. 민주주의의 모습은 나라마다 조금씩 달라요.

아르헨티나는 공화국이에요. 대의 민주주의로, 국민이 투표로 자신들의 대표를 뽑아 정부에 들여보내요. 이렇게 뽑힌 대표들이 법률에 투표를 해요.

오스트레일리아는 연방제이면서 의원 내각제 국가예요. 연방제에서는 중앙 정부와 지방 정부가 권력을 나눠 가져요.

인도는 인구가 10억 명에 이르는 세계 최대의 민주주의 국가예요. 연방 공화국이기 때문에 중앙 정부가 지방에 쓸 수 있는 권력이 제한되지요.

인도 총리 만모한 싱(가운데 왼쪽)과 대통령 프라티바 파틸(가운데 오른쪽)

헌법에 정해져 있어요.

너의 지도자를 보여 줘

무정부주의란

무정부는 '통치하는 정부가 없다.'는 사람들을 다스리는 정부가 없는

무정부주의자는 모두가 **완전한 자유를** 누리며 자기 원하는 대로 행동하는 *국가 없는 사회*를 주장해요. 정부를 없애고 사회가 스스로 통치해야 한다고 믿지요. 규칙도, 법도, 종교도 필요 없어요.

무정부주의의 토대를 이루는 생각들

무정부주의가 다른 정치 이념들과 다른 점은 역사상 제대로 성공한 적이 **한 번도** 없다는 점이에요.

1 절대 자유

무정부주의는 언뜻 보면 더 바랄 게 없을 것 같아요. 무엇이든 할 수 있으니까요! 하루 종일 텔레비전을 보며 아이스크림을 먹고 싶으면 그렇게 하면 돼요. 하지만 모든 사람이 똑같이 바란다면 문제가 생겨요. 텔레비전 프로그램, 아이스크림, 소파를 만들 사람이 없으니까요. 그래서 무정부주의는 오래가지 못하고 다시 통치자가 나타나게 돼요.

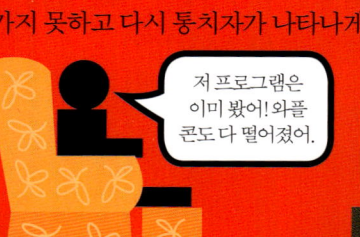

저 프로그램은 이미 봤어! 와플콘도 다 떨어졌어.

2 난 그거 싫어!

모든 무정부주의자가 공통으로 믿는 한 가지는 사회에는 국가가 없어야 한다는 것이에요. 그 밖에 다른 생각들은 모두 논란의 여지가 있어서 그대로 두면 뒤죽박죽이 돼요. 특히 모두가 자기 원하는 대로 할 수 있다면 더욱더 엉망이겠지요! 돈에 대한 규칙이 없다면 경제가 어떻게 돌아갈까요?

3 정부는 없는 게 좋다

무정부주의는 정부가 필요 없다고만 말하지 않아요. 정부와 그 정책을 국민 한 사람 한 사람이 모두 받아들이지 않는 한 어떤 정부도 정당하지 않다고 말하지요. 민주주의 사회에서도 어떤 사람들은 투표권이 없어요. 또 정부가 권력을 쥔다고 해도 모두가 동의하는 결정을 내린다는 보장이 없어요. 다시 말해서 무정부주의의 기준에 들어맞는 정부는 결코 없을 거예요.

정부, 넌 해고야.

무정부주의란 무엇일까?

무엇일까?

뜻이에요. 그러니 무정부주의는 사회를 추구해요.

좋은 점과 나쁜 점

무정부주의는 '국가는 악'이라고 주장해요. 사람들이 원하는 대로 행동하지 못하게 하기 때문이에요. 사람은 본래 선하기 때문에 다른 사람의 명령을 받을 필요가 없다는 거예요. 간섭받지 않으면 사람들은 저마다 자연스럽게 사회에 유익한 행동을 할 것이라고 생각해요.

혁명 만세

무정부 상태는 정부가 갑자기 무너지거나 통치자가 사라졌을 때 발생해요. 1930년대 스페인 정부는 힘이 약해서 혁명이 일어날 위험이 많이 높았어요. 마침내 정부가 무너지고 유혈 내전이 벌어졌지요. 그러자 지역 사회가 정부의 허락 없이 지역의 살림을 꾸렸어요. 이때 스페인의 여러 지역이 무정부주의로 운영되었지요. 스페인의 무정부 사회는 1939년에 독재자 프랑코 장군이 나타나기 전까지 유지됐어요.

4 내 것이 내 것

많은 무정부주의자가 공동 소유를 주장해요. 모든 것에 주인이 없고 모두가 원하는 것을 사용할 수 있다고 하지요. 얼마나 좋을까요? 내가 원하는 걸 발견하면 그냥 가지면 되니까요! 하지만 반대로 사람들이 내가 좋아하는 것을 가져갈 수 있다고 생각해 봐요. 모두가 자기 원하는 대로 할 수 있기 때문에 신고를 하거나 사정을 하소연할 곳도 없어요.

무정부주의 조직들은 내전 중에 사람들이 일상을 꾸리는 것을 도왔어요.

일어서! 우리도 소파의 주인이야.

5 법이 없다

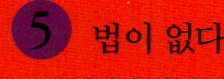

도둑질이나 살인 같은 범죄를 처벌하는 법이 없으면 어떻게 사람들의 악행을 막을까요? 1789년 프랑스 혁명 직후 무정부 상태가 닥쳤어요. 사람들은 교회의 식기와 예술품을 약탈하고, 대저택의 물품을 훔쳐 전에는 누릴 수 없던 사치품들을 마음껏 썼어요.

"재산은 도둑질한 것이다."

피에르 조제프 프루동 (1809년~1865년), 작가, 정치가, 무정부주의자

6 모두가 함께

정부를 쓰러뜨려서 무정부주의 사회를 만들었다고 해도 무정부주의를 유지하려면 새로운 사람이나 집단이 다시 통치를 하러 나서는 것을 막아야 해요. 그러지 못하면 무정부가 아니라 폭력으로 통치자를 바꾸는 쿠데타가 되니까요.

이봐! 아무도 통치자가 될 수 없어. 우리는 무정부주의자야!

 여러가지 정치사상들

정부에는 체계를 이루는 구조 말고도
여러 가지가 필요해요. 정부의 이념 또한
구조 못지않게 중요하지요.
이념이란 정치의 바탕을 이루는
특정한 생각들을 일컬어요.

정부는 일상생활의 문제를 해결하고,
국가의 경제를 운영하고,
다른 나라와 교류할 방법을 찾아야 해요.

이 모든 문제를 해결하는 방법은
정부가 가진 이념에 따라 달라지지요.

그러면 이제부터 여러 가지
정치사상들을 살펴보고
이런 사상들이 어떤 사회를
만들려고 하는지 알아봐요!

여러 가지 정치사상들

정부 건물에서 무슨 일이 일어날까?

권력의 장벽

정부의 중심 건물 안에서는 중요한 결정과 토론이 이루어져요. 또 지도자와 정치인들이 정치에 대해 이야기를 해서 온갖 아이디어와 가능한 모든 해결책을 내놓아요.

문제? 뭐가 문제야?

국가와 국민은 해결이 필요한 여러 가지 문제를 만들어 내지. 실업, 세금, 보건 같은 문제 말이야.

가장 좋은 해결책이 뭐야?

정부에 대한 견해가 서로 다른 정치 집단들이 있어. 해결책도 각기 다른 관점에서 찾아내지. 앞으로 살펴볼 거야.

국회 의사당
영국 런던

1834년 런던 대화재 이후 다시 지어졌고 웨스트민스터 궁전이라고도 해요.

비하이브
뉴질랜드 웰링턴

비하이브는 뉴질랜드 정부의 행정 부서가 사용하는 10층 높이의 건물이에요.

백악관
미국 워싱턴

1792년에서 1800년 사이에 지은 백악관은 미국 대통령의 거처이자 집무 장소예요.

정부 건물에서 무슨 일이 일어날까?

민주주의 정부이건 독재 정부이건, 정부가 어떤 구조로 만들어졌는지는 상관없어요. 전 세계의 모든 나라에는 정부의 중심이 되는 건물이 있어요. 이 권력의 장벽 안에서는 무슨 일이 벌어질까요?

어디에 있을까?

정부 건물은 대개 국가의 수도에 자리를 잡아요. 민주주의 정부는 각 권력 집단마다 웅장한 건물을 두고 있어요. 정부는 여러 개의 부처로 나뉘는데, 이런 부처들은 저마다 외교나 국방, 재무 같은 국가의 특정 분야를 다뤄요.

여기저기서 의논하는 소리가 들리네!

모든 사람이 똑같은 방법에 동의하지는 않아. 그래서 토론이 필요한데, 결정을 내리기 전에 가능한 견해를 모두 살펴보게 하기 때문에 중요하지.

저 안에 누가 있어?

지도자와 정치인들이 저 건물에서 일해. 어떤 아이디어를 법으로 만들지 의논하고 결정하지. 정부는 사람들을 뽑아서 정부의 건물을 운영하는 일을 맡기기도 해. 그 사람들을 가리켜 공무원이라고 해.

크렘린
러시아 모스크바

붉은 광장과 모스크바 강 사이에 자리 잡은 크렘린은 러시아 대통령의 공식 거처예요.

라슈트라파티 바반
인도 뉴델리

7억 개의 벽돌로 지었고 인도가 독립을 선포할 때 완성되었어요. 현재는 인도 대통령의 거처예요.

청와대
대한민국 서울

청와대는 '푸른 기와집'이라는 뜻으로 대한민국 대통령의 공식 거처예요.

여러 가지 정치사상들

국가는

정부가 맡은 가장 중요한 일은 국가가

정부는 국가를 다스릴 권리가 있어요.
하지만 국가가 운영되기 위해서는 정부 말고 다른 것도 필요해요.
국가에는 국민도 필요하고 '시민 사회'도 필요하지요.

시민 사회에는 국민들이 참여하는 모든 기업과 산업이 포함돼요. 이들은 정부가 만든 법을 지켜야 하지만 정부의 지배를 받지는 않아요. 국민은 시민 사회에서 일자리를 얻고 사교 활동도 해요. 봉사 단체도 시민 사회의 일부예요.

게오르크 빌헬름 프리드리히 헤겔
(1770년~1831년)

헤겔은 시민 사회는 정부와 다르다고 주장했어요. 시민 사회는 정부와 국민 사이에 있는 모든 것을 포함한다고 생각했지요. 그래서 헤겔은 시민 사회가 국민과 정부 사이에서 자유와 권위가 얽히는 필요와 욕망의 지대라고 했어요.

게오르크 헤겔,
독일 철학자

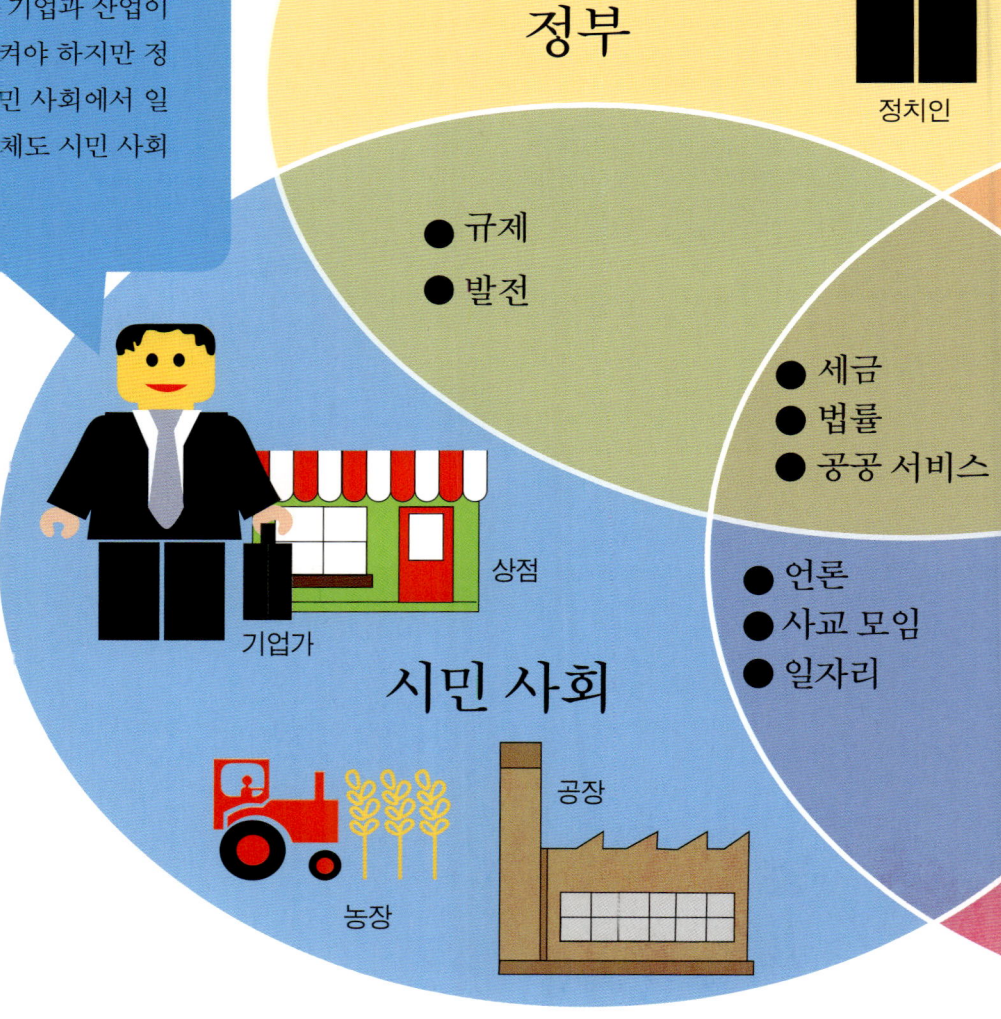

정부 — 정치인

- 규제
- 발전
- 세금
- 법률
- 공공 서비스
- 언론
- 사교 모임
- 일자리

기업가 — 상점

시민 사회 — 농장, 공장

세 영역은 제각각 정부가 해결해야 하는

어떻게 운영될까?

제 역할을 할 수 있게 하는 거예요.

정부의 영역에는 중요한 정부 건물들과 그 안에서 일하는 정치인들이 있어요. 여기서는 법을 만들고, 세금을 걷고, 시민 사회를 규제해요. 또 국민의 권리를 정하고 복지를 통해 도와줘요.

왜 겹치는 걸까?

정부, 시민 사회, 국민은 재정, 자원, 법 집행을 위해 서로가 필요해요. 셋이 협력하지 않으면 국가는 제대로 돌아가지 않고 무너질 거예요.

- 권리
- 복지
- 의무

국민의 영역에는 가정과 가족이 들어가요. 국민이 정부에 세금을 내면 정부는 공공 서비스를 제공하고 여러 가지 권리를 줘요. 국민은 국가에 대한 의무를 다해요. 위기 때 나라를 돕는 것도 국민의 의무예요.

가정
국민

권위주의

권위란 남을 통솔하는 힘을 말해요. 정부는 어느 정도 권위가 있어야 하지요. 하지만 권위주의 정부는 시민 사회의 일에 크게 간섭하고, 국민에게 가정에서 할 일들을 명령해요.

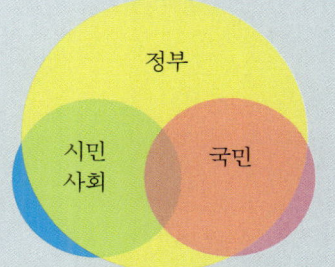

피노체트는 1974년에 칠레의 정권을 잡고 권위주의 국가를 세웠어요. 그리고 반대자들을 탄압하다가 1990년에 권력을 잃었지요.

자유 지상주의

자유 지상주의란 자유를 최고로 여기는 태도를 뜻해요. 자유 지상주의 사회에서 국민은 시민 사회에서 더욱 많은 자유를 누리고, 정부는 작은 권위를 가져요.

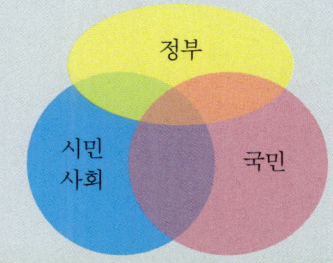

스위스는 자유 중립 국가예요. 작은 정부 아래서 시민들은 더 많은 자유를 누려요.

여러 가지 문제를 만들어 내요.

여러 가지 정치사상들

국가의 문제를 해결하는 방법에 대해서는 저마다 생각이 달라요. 이런 생각들을 정치사상이라고 하지요. 다양한 정치사상들이 모여서 사상의 무지개를 이뤄요.

사상의 자유주의적

사상의 무지개

사상의 무지개는 극좌파에서 극우파까지 다양한 정치사상을 담아요. 무지개에서 위치가 서로 가까운 정치 집단은 정치적 이상이 비슷해요. 하지만 반대편에 위치한 집단은 반대되는 견해를 가져요.

좌파의 이상

자유
국가는 국민에게 더 많은 자유를 주어야 해요.

평등
모두가 더 나은 삶을 추구할 평등한 권리가 있어요.

진보
국가는 변화하고 발전해야 해요.

연대
국가가 성공하기 위해서는 협력이 중요해요.

사회주의

사회주의는 자유를 누리면서도 국가 발전을 위해 협력하는 사회를 추구해요.

민주적
전제적

극좌파

공산주의

공산주의는 모두가 평등한 사회를 주장하며, 소수의 특권층과 계급 제도를 없애야 한다고 말해요. 국민은 국가를 돕고 평등하게 참여해야 하지요. 평등을 이루기 위해서 공산주의 국가는 큰 권위를 갖고 사회를 엄격히 통제해요.

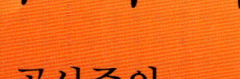

카스트로는 1959년에 쿠바를 장악하고 공산주의 국가를 세웠어요.

여러 나라의 의회에서 사상의 무지개를 반영해 의원들의 좌석을 배치하고 있어요.

사상의 무지개

무지개

혁명이 나눈 사상의 좌우

왜 정치사상을 좌파와 우파로 나눌까요? 이런 표현은 1789년 프랑스 혁명이 일어난 후에 생겼어요. 혁명이 끝나고 새 정부가 만들어졌을 때 승리한 혁명파는 의회의 왼쪽에 앉았고, 패배한 귀족은 오른쪽에 앉았기 때문이에요.

> 앉은 자리가 그 사람의 정치적 이상을 말해 주지.

자유주의

자유주의는 사람은 모두 다른 개인이고 각자의 목표를 추구할 권리가 있다고 주장해요. 자유주의는 현대 민주주의의 토대가 되었어요.

중도

보수주의

보수주의는 오랜 전통과 위계질서를 기본으로 삼아 국가를 운영해야 한다고 주장해요.

민주적
전제적

우파의 이상

권위
국가는 국민을 더 확실하게 통제해야 해요.

위계질서
사람은 사회에서 높거나 낮은 자리를 가져요.

전통
사회는 오래된 가치를 토대로 삼아요.

의무
국민은 국가를 도울 의무가 있어요.

극우파

파시즘

파시즘은 국민의 단결을 촉구하고, 의무, 명예, 전쟁을 높이 평가해요. 또 국가가 모든 것을 지배하고 국민은 최고 지도자에게 복종해야 한다고 주장하지요. 파시즘을 지지하는 파시스트들은 투쟁과 경쟁을 자연스러운 삶의 요소로 봐요.

동양의 특징

동양의 정치사상은 사상의 무지개의 모든 면이 다 나타나지 않아요. 그 대신 지혜, 경험, 전통 같은 가족적 가치관이 정치 사상의 토대를 이루고 있어요. 엄격하고도 협력적인 동양의 정치사상은 사회의 조화를 추구하고 개인의 책임을 강조해요.

무솔리니는 제2차 세계 대전 때 이탈리아의 파시즘 정부를 이끌었어요.

53

여러 가지 정치사상들

세계의 사회주의 정당

전 세계에는 사회주의 또는 사회 민주주의 정당이 많이 있어요.

 **영국** 노동당

 **미국** 민주당

 **캐나다** 신민주당

 멕시코 민주혁명당

 **아르헨티나** 정의당

 **프랑스** 사회당

 **일본** 일본 민주당

 **인도** 인도 국민회의당

 **러시아** 공정한 러시아당

 **오스트레일리아** 오스트레일리아 노동당

 **중국** 중국 민주동맹

 **독일** 독일 사회민주당

 **남아프리카 공화국** 아프리카 민족회의

좌파야?

전 세계에 가장 널리 퍼진 두 가지 정치 흐름은 사회주의와 보수주의예요. 사상의 무지개에서는 둘 다 민주적인 영역에

사회주의

사회주의는 사람은 사회적 동물이며, 서로 평등한 공동체를 이루어야 한다고 주장해요. 사회주의 사회는 경쟁보다 협력을 기초로 세워져요.

 **자유** 사회주의는 모두에게 동등한 기회를 주는 사회적 자유를 추구해요. 사회는 제한 없이 변화해야 하고, 국가의 자원은 국민들에게 평등하게 분배되어야 한다고 믿지요.

 **평등** 정의와 공정함은 사회주의의 핵심이에요. 사회주의는 사회가 '평평한 들판'처럼 누구나 성공하고 발전할 수 있게 모두에게 동등한 기회를 주어야 한다고 믿어요.

 **경제** 사회주의는 사회의 핵심 산업을 국가가 소유하고 이익을 관리해야 한다고 주장해요. 사회주의와 비슷한 사회 민주주의는 자본주의를 인정하지만, 부자들뿐 아니라 모든 사람을 위해 운영해야 한다고 생각해요.

 **사회** 사회주의는 공동체 정신을 지향하고, 모두가 공통의 목표와 사회 발전을 위해 협력하기를 원해요. 사회주의는 경쟁보다 협력을 선호해요.

사회주의란 말은 '나눈다, 함께한다'는 뜻에서 온 거예요.

평등주의는 평등을 정치와 사회의 주요 목표로 삼아야 한다고 주장해요.

우파야?

있어요. 하지만 사회주의와 보수주의는 정부와 사회와 국민의 관계에 대한 생각이 크게 달라요.

보수주의

보수주의는 이미 있는 것을 보존하고, 변화와 개혁을 피하려고 해요. 보수주의의 핵심 요소는 전통과 위계, 사적 소유와 의무를 다하는 국민이에요.

권위 보수주의는 권위, 질서, 전통을 중시해요. 정부가 국가와 공동체의 안정을 위해서 권위와 통제를 발휘해야 한다고 생각하지요.

위계 보수주의는 인간 사회에 위계가 있는 것이 당연하고, 국민들 가운데 일부는 다른 사람들보다 뛰어나다고 생각해요. 인생을 발전시키는 것은 개인의 책임이라고 말하지요.

경제 보수주의는 기업과 산업을 개인이 소유해야 한다고 생각해요. 자본주의를 옹호하고, 모두가 자유 시장에서 이익을 추구할 권리가 있다고 주장하지요.

사회 보수주의는 전통, 질서, 의무를 중요시해요. 이미 제도로 자리 잡은 것을 보존하고자 하고, 전통 가치가 국민에게 안정을 준다고 믿어요.

보수주의란 말은 '지킨다, 보호한다'는 뜻에서 온 거예요.

민족주의는 국가의 유산과 전통을 정부의 토대로 삼아야 한다고 믿어요.

세계의 보수주의 정당

전 세계에는 보수주의 정당도 많이 있어요.

영국
보수당

미국
공화당

캐나다
캐나다 보수당

멕시코
국민행동당

아르헨티나
공화제안당

프랑스
대중운동연합

일본
자민당

인도
인도 인민당

러시아
통합 러시아당

오스트레일리아
오스트레일리아 자유당

중국
국민당 혁명위원회

독일
독일 기독교민주연합

남아프리카 공화국
민주연합

여러 가지 정치사상들

사고, 팔고, 투자하라!

정부는 국민이 제대로 먹고 입으며, 안전하게 살 수 있게 해야 해요. 그러려면 일이 아주 많아져요. 그래서 어떤 정부는 국민에게 필요한 것을 모두 주는 대신에 자본주의 경제를 선택해요. 자본주의는 생활을 꾸려 갈 책임을 국민의 손에 넘겨요. 국민은 스스로 돈을 벌어서 의식주를 해결해야 하지요.

게임의 목적

자본주의의 목적은 스스로 돈을 버는 거예요. 사람들은 회사에 다니며 봉급을 받을 수도 있고, 자기 사업을 할 수도 있어요. 국가는 국민이 번 돈을 국민이 원하는 대로 쓸 수 있게 해요. 하지만 조심해야 해요. 돈을 모두 잃더라도 정부는 도와주지 않으니까요!

자본주의란 무엇일까?

자본주의는 국민들에게 열심히 일하고 능력을 발휘하며 기회를 활용해서 최대한 많은 돈을 벌라고 장려하는 제도예요. 자본주의 국가에서는 국가가 산업체에 별로 간섭을 하지 않고 스스로 일을 하게 내버려 둬요. 또 국민이 돈을 많이 벌면 정부는 그 일부를 세금으로 걷어서 공공 서비스와 국가 발전을 위해 쓰지요.

만인의 만인에 대한 투쟁

자본주의는 언뜻 보면 괜찮은 제도 같지만 몇 가지 커다란 단점이 있어요. 무엇보다도 돈을 벌려고 노력하는 사람은 나뿐이 아니에요. 누구나 돈을 벌고 싶어 해요. 그리고 많은 돈을 가지고 시작하면 돈을 벌 기회도 훨씬 더 커요. 물론 자본주의는 아무것도 보장해 주지 않아요. 돈을 빨리 벌 수 있는 만큼 손해를 보고 망할 가능성도 많아요!

돈의 나라

자본주의 국가에서 정부는 국민의 성공을 통해 돈을 벌어요. 정부는 국민과 기업이 얻는 수익에 세금을 매길 수 있어요. 이렇게 걷은 세금으로 국방, 보건, 교육 등의 공공 서비스를 하지요.

재산의 사적 소유

자본주의 사회에서 모든 사람은 집, 상점, 공장 같은 재산을 가질 권리가 있어요. 그리고 자기 재산을 활용해서 돈을 벌 수도 있어요. 재산을 가진다는 것은 국민이 토지와 연결되고 국가의 구성원으로 적극적인 역할을 한다는 뜻도 돼요.

자유 시장

자유 시장이라고 해서 뭐든 자유롭게 가질 수 있다는 뜻은 아니에요. 자유 시장이란 국민들이 자유롭게 돈을 투자하고 저축하고 사용할 수 있는 곳을 뜻해요. 19세기 프랑스의 '자유방임' 사상에서 나온 말이에요. '자유방임'이란 '그냥 내버려 둔다.'는 뜻으로, 정부는 실제로 아무 간섭도 하지 않고 법과 질서만 유지했어요. 자유 시장에서는 모두가 자본가의 꿈을 추구할 수 있어요. 하지만 이미 돈이 있는 사람들이 훨씬 더 쉽게 성공해요! 결국 자본주의 사회에서 국민은 부자와 가난한 사람으로 나뉘지요.

규제

자유 시장에서 정부는 국민에게 돈을 벌 자유를 주지만, 국민을 보호하는 역할도 해야 하기 때문에 규제를 위한 법을 만들어요. 예를 들어 특정 물품을 사고팔지 못하게 하는 것(예를 들어 아기나 멸종 위험에 놓인 동물), 물품의 품질 수준을 정해서 국민이 믿고 사게 하는 것 등이 규제예요. 오늘날에는 흔한 일이지만 사실 규제는 19세기, 20세기에 들어와서 국민을 보호하고 노동 환경을 개선하고 노동자들의 착취를 막기 위해 만들어졌지요.

자본주의와 정치

사회주의
사회주의 정부는 국가의 돈을 더 규제하고 통제하고자 해요. 사회주의는 가난한 사람을 돕고 부자에게 높은 세금을 걷어서 부를 골고루 분배하려고 하지요.

자유주의
자유주의 정부는 국민이 스스로 살아가도록 도와야 한다고 주장해요. 자본주의와 관련해서는 규제가 필요한 부분도 있지만, 국민이 자유롭게 돈을 벌 수 있게 허용해 주어야 한다고 보지요.

보수주의
보수주의는 사적 소유와 사람들의 재산을 보호하는 데 힘써요. 그래서 자본주의나 자유 시장 사상과 잘 들어맞아요. 보수주의는 규제를 없애고 경제적 자유를 늘리고자 해요.

여러 가지 정치사상들

너도 나도 똑같이 나누자

사상의 무지개의 가장 왼쪽에는 공산주의라고 하는 정치 운동이 있어요. 공산주의는 모든 사람이 모든 것을 공평하게 나누어 갖는 사회를 지향해요. 자본주의의 반대편에 있다고 여겨지지요.

> 지배 계급이 공산주의 혁명 앞에 벌벌 떨게 하라. 프롤레타리아트는 자신들을 묶은 사슬 말고는 잃을 것이 없고 얻을 것은 전 세계다. 만국의 노동자여, 단결하라!

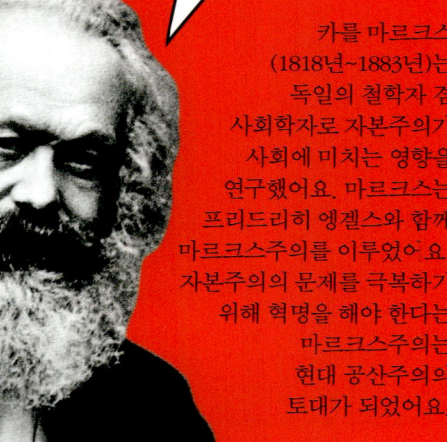

카를 마르크스 (1818년~1883년)는 독일의 철학자 겸 사회학자로 자본주의가 사회에 미치는 영향을 연구했어요. 마르크스는 프리드리히 엥겔스와 함께 마르크스주의를 이루었어요. 자본주의의 문제를 극복하기 위해 혁명을 해야 한다는 마르크스주의는 현대 공산주의의 토대가 되었어요.

자본가와 노동자

마르크스는 자신이 살던 시절의 자본주의 계급 제도를 설명했어요. 계급 구조의 맨 꼭대기에 자리한 회사 소유주(자본가)는 회사가 돈을 벌면 벌수록 부자가 돼요. 맨 밑에 있는 종업원(노동자)은 아무리 열심히 일해도 봉급을 조금밖에 받지 못해요. 마르크스는 부유한 자본가 계급을 '부르주아지', 노동자 계급을 '프롤레타리아트'라고 불렀어요. 마르크스주의는 두 계급의 차이를 극복하고, 부를 사회 전체에 골고루 분배해야 한다고 주장해요.

혁명으로!

마르크스는 계급 사이의 불균형은 2단계의 혁명을 통해 해결할 수 있다고 말했어요. 첫 단계로 프롤레타리아트가 힘을 모아 지배 계급인 부르주아지를 타도해요. 프롤레타리아트가 부르주아지보다 수가 많기 때문에 이 일은 그리 어렵지 않을 거예요. 두 번째 단계에서는 일정 기간 동안 '가난한 다수'가 '부유한 소수'를 독재로 다스려서 서로의 차이를 없애고 평등을 이뤄요. 그 뒤에는 모든 것을 균등하게 분배하는 사회가 되지요. 식량이 필요하면 먹을 만큼 받아요. 마르크스는 그렇게 되면 모두가 국가를 위해 열심히 일할 것이라고 믿었어요.

너도 나도 똑같이 나누자

좋은 점과 나쁜 점

공산주의는 몇 십 년 동안 여러 나라에서 실험되었지만, 20년 전부터는 세계 정치에서 천천히 힘을 잃고 있어요. 공산주의는 어디서 잘못되었을까요? 현실은 마르크스의 희망과 달랐어요. 혁명이 성공해도 평등이 이루어지지 않았고 질서를 유지하기 위한 전제 정치가 이어졌어요. 엄격한 통치 때문에 사회 불안과 반란이 잇따르자 공산주의 국가들은 결국 자본주의로 돌아갔지요. 하지만 공산주의가 모두 실패한 것은 아니에요. 공산주의 국가는 특히 과학 분야에서 큰 성과를 이루어서 최초의 인공위성, 최초의 우주인, 최초의 여자 우주인이 모두 공산주의 국가인 소련(오늘날의 러시아)에서 나왔어요.

공산주의란 무엇인가?

공산주의는 사회의 돈을 운영하는 방법과 관련된 사상이에요. 자본주의와 반대되는 길을 택한 공산주의는 모두가 자기 이익을 추구하는 게 아니라 돈을 포함한 모든 것을 평등하게 분배하는 사회를 꿈꿔요.

생산 수단

마르크스는 생산 수단은 모두 국가가 소유해야 한다고 주장했어요. 생산 수단이란 공장, 농장, 상점 등을 말해요. 생산 수단을 국가가 소유한다는 것은 생산으로 생겨난 수익이 탐욕스러운 소수의 주인이 아니라 국가에 돌아가서 국가와 국민을 위해 쓰인다는 뜻이에요. 사적 소유와 개인의 부를 권장하는 자본주의와 반대되는 견해이지요.

최초의 공산주의 혁명

블라디미르 레닌
(1870년~1924년)

1917년 러시아의 혁명 지도자 블라디미르 레닌은 공산주의의 이름으로 군주제를 무너뜨렸어요. 레닌은 프롤레타리아트 스스로 자본주의를 무너뜨릴 수는 없다고 보고, 프롤레타리아트의 이익을 위해 싸우는 정당을 결성했어요.

여러 가지 정치사상들

뉴스를 전합니다

통제
모든 정부에는 국민이 접근할 수 없는 정보가 있어요. 어떤 정보는 매우 중요해서 꼭 전달해야 하지요. 어떤 정보는 국민에게 불안을 일으킬 수 있다는 이유로 정부가 관련 뉴스를 통제하기도 해요.

검열
정보 흐름을 통제하는 한 가지 방법은 검열이에요. 검열은 국민에게 정보를 전달하지만, 민감한 부분은 빼고 전달한다는 뜻이지요. 정부는 보도 자료를 내서 통신사에 알리고 싶은 내용을 전해요.

선전
검열에서 한층 더 나아간 형태가 선전이에요. 권력자들은 정부에서 벌어지는 일을 사실대로 설명하지 않고, 정보의 일부를 과장해서 거짓을 만들어 내요. 선전은 제2차 세계 대전 때 국민의 사기를 높이기 위해 많이 사용되었어요.

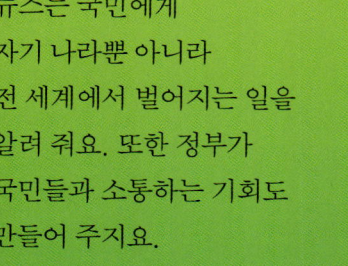

뉴스는 국민에게 자기 나라뿐 아니라 전 세계에서 벌어지는 일을 알려 줘요. 또한 정부가 국민들과 소통하는 기회도 만들어 주지요.

정보

통과

텔레비전
뉴스 채널과 프로그램이 시사를 보도해요. 24시간 뉴스 채널은 중요 행사를 생중계하고 긴급 소식을 방송해요. 어떤 나라에서는 정부가 방송 내용을 통제해요.

인터넷
인터넷 사이트와 게시판도 뉴스를 전해요. 인터넷은 통제하기 쉽지 않지만, 어떤 나라에서는 정부가 국민들이 특정 사이트에 접속하는 것을 막아요.

뉴스를 전합니다

우리가 신문으로 읽거나 라디오로 듣고 텔레비전으로 보는 뉴스는 정치에서 중요한 역할을 해요. 신문, 텔레비전, 라디오에 영화와 책까지 포함하는 언론은 우리에게 정치의 세계에서 벌어지는 새 소식을 계속 전달하지요. 현대 사회에서 정보는 힘이에요!

일급비밀

정부는 국민의 안전과 행복을 위해서 때로는 어떤 정보를 비밀로 하기도 해요. 모든 국가는 다른 나라, 심지어 자기 국민에게도 알리지 않는 비밀이 있어요. 왜 비밀을 만들까요? 나라의 군사력과 경제 사정이나 어떤 약점들에 대한 예민한 정보가 알려져서 악용되면 곤란하기 때문이에요.

여론

민주주의가 발전하면서 국민의 생각이 정치에서 중요한 역할을 하게 되었어요. 여론의 지지를 받지 못하면 정부는 권력을 유지하기 힘들어요. 정치인은 연설과 여론 조사를 통해 국민의 생각을 알아봐요. 국민은 정치인을 감시해서 약속한 대로 행동하지 않으면 다음에 다른 사람에게 투표를 해요.

정보 누출!

때때로 정보가 누출돼요. 비밀 정보가 흘러 나가서 모두에게 알려지지요. 어떤 허술한 정치인이 멋대로 입을 여는 경우도 있고 서류를 기차에 두고 내리는 경우도 있어요. 정부는 이런 상황에 대응해서 피해를 줄이도록 해야 해요. 하지만 가장 좋은 방법은 숨기지 말고 사람들에게 알리는 것이 아닐까요?

신문

신문은 일간 또는 주간으로 발행되어 국민에게 최신 시사 문제를 전달해요. 어떤 신문은 특정 정당이나 개인을 지지하지요.

여러 가지 정치사상들

지역 정치

정치는 크고 웅장한 건물에서만 벌어지는 일이 아니라, 우리 주변에서 늘 일어나고 있어요. 정치의 핵심에는 지역의 문제가 있고, 각각의 문제들이 모두 합해져서 나라 전체의 문제가 되지요.

정치의 퍼즐

정부는 국민을 행복하게 해 주어야 하고, 그러려면 국민이 중요하게 여기는 문제를 해결해야 해요. 지역의 문제와 요구는 국가 전체에 도움이 되는 큰 결정으로 이어질 수 있어요.

퍼즐 조각들

몇 가지 문제들이 물고 물리며 커다란 문제를 만들기도 해요. 정부는 그 모든 문제를 해결해야 해요.

1. 지역 상점이 대형 슈퍼마켓에 손님을 빼앗기고 있어요.
2. 지역 어부가 대형 어업 회사 때문에 일을 하지 못해요.
3. 지역의 주요 기업체가 문을 닫아서 사람들이 떠나가요.
4. 농촌 지역의 실업률이 높아요.
5. 지역 대학 출신자가 취업할 일자리가 부족해요.

지역 주민

지방 정부는 자기 주민을 위해 일하고, 지역의 문제를 중앙 정부로 가져가서 논의해요. 지역 정치인은 지역 주민의 투표로 뽑혀서 그 지역 도시와 마을에서 벌어지는 문제를 해결하지요. 지방 정부는 지역의 목표를 위해 함께 일할 지도자들을 임명해요.

가정의 정치

집과 동네를 둘러보세요. 정부가 제공하는 공공 서비스와 물품들을 발견할 수 있어요. 공공 서비스를 제공하기로 결정하는 것은 중앙 정부지만, 실제로 방방곡곡에서 그것을 운영하고 유지하는 일은 지방 정부와 지방 의회가 맡아서 해요.

쓰레기 수거
지방 정부와 의회는 어느 요일에 쓰레기를 수거할지, 어디까지 재활용하고 얼마나 매립할지 결정해요.

수도 사업
지방 정부는 자기 지역에 상수도와 하수도를 공급하고 유지해요.

도로 유지 보수
지방 정부는 동네 도로를 수리하고 개선하는 비용을 대요.

긴급 구조
지방 경찰, 구급차, 소방서, 해안 경비대는 우리 지역의 응급 상황에 대처해요.

더 큰 틀에서 바라보기

지방의 어떤 문제들은 지방 정부가 혼자 힘으로 해결할 수 있지만, 다른 어떤 문제들은 더 큰 힘을 지닌 중앙 정부의 도움을 받아야 해요. 그림 속 퍼즐 맞추기의 경우, 중앙 정부는 지방의 기업 활동을 돕기 위해 지원금을 주거나 세금을 깎아 줄 수 있어요. 그러면 일자리와 기업이 필요한 지역에 도움이 될 거예요.

여러 가지 정치사상들

전령의 역할

한눈에 보는 외교의 역사

❶ 오랜 옛날 어느 지역에 낯선 이가 들어오면 그 지역 사람들은 자기 땅을 지키고자 낯선 이를 공격했어요.

> 낯선 이가 침입했다! 쏘아라!

❷ 세월이 흐르자 사람들은 이웃 나라의 전령을 죽이지 않는 편이 더 좋다는 것을 알게 되었어요. '전령을 죽이지 않는다.' 이것은 고대 외교의 원칙이 되었지요. 전령은 곧 통치자의 '대변인'으로 여겨졌어요.

> 전령이에요. 쏘지 마세요!
> 알았어요!

❸ 외교 관계에서 전령이 중요한 역할을 하게 되면서 '대사'라고 불리게 되었어요. 대사의 주요 역할은 외국에서 본국의 이익을 위해 활동하는 것이었지요.

> 대사님, 극진한 대접에 몸 둘 바를 모르겠습니다!

오늘날의 외교

오늘날 외교는 외국과의 관계를 해결하는 가장 중요한 수단이에요. 하지만 이제 외교의 길에는 외교관이 아닌 다른 방법들도 있어요.

정상 회담

정상 회담이란 세계의 공통된 문제를 해결하기 위해 지도자들이 모이는 거예요. 정상 회담은 전쟁을 멈추는 일이나 환경 문제 같은 지구 전체의 문제를 풀기 위해 열려요.

비공식 외교관

영화배우 같은 유명인이 특정한 문제에 사람들의 관심을 모으고 홍보 효과를 높이기 위해 다른 나라를 방문하기도 해요.

외교 사절 업무를 하는 배우 앤젤리나 졸리

특별 사절

어느 편에도 속하지 않는 특별 사절이 전쟁 중인 나라들을 도우러 가기도 해요. 특별 사절들은 북아일랜드 평화 협정을 돕고 중동 평화 협상을 진전시켰어요.

전령의 역할

휴대폰도 비행기도 인터넷도 없는 세상을 생각해 보세요. 다른 나라와 통신하기가 정말로 힘들 거예요. 국가 간 통신이 중요한 한 가지 이유는 그것을 통해 다툼과 전쟁을 막을 수 있기 때문이에요.

모든 일은 옛날, 아주 먼 옛날에 시작되었지요.

4 전 세계에서 대사들의 활동이 많아지면서 외국에 공식으로 거주할 집이 필요해졌어요. 그래서 대사관을 지었어요.

5 하지만 안타깝게도 대사관과 대사가 있어도 전쟁을 막지는 못했어요. 국가들은 많은 갈등과 희생을 겪은 뒤에 화합을 위해 더 노력하자고 뜻을 모았어요. 외교는 의견 차이를 해소하기 위해 가장 먼저 시도하는 수단이 되었고, 이런 노력은 여러 외교 연합과 정상 회담으로 발전했어요.

내 집처럼 편해요.

대사관

카르디날 드 리슐리외
(1585년~1642년)

우리가 무엇을 할 수 있는지 함께 이야기해 봅시다.

식량 의약품 옷

대사관의 중심을 만들다

외교술은 17세기 프랑스에서 크게 발전했어요. 프랑스 최초의 외무 장관 카르디날 드 리슐리외는 대사관 활동을 체계적으로 만들어서 프랑스로 들어오고 나가는 정보를 통제했어요.

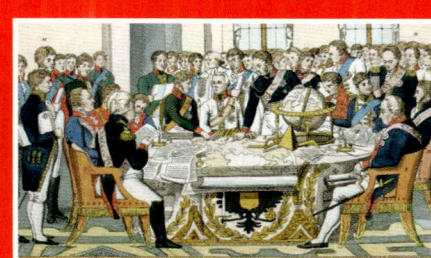

유럽 협조 체제

전쟁 중이던 유럽의 여러 나라가 1814년 빈 회의에 모여, 서로의 차이를 문제 삼지 않고 정기적으로 만나서 문제를 해결하기 위해 노력하자고 합의했어요. 빈 회의에서 뜻을 모은 빈 체제는 유럽 협조 체제라 불렸고 오늘날 유럽 연합이 탄생한 기원이 되었어요. 하지만 안타깝게도 빈 체제는 오래가지 않았고 다시 전쟁이 벌어졌어요.

외국에서 문제가 생기면

해외로 휴가를 떠났다가 여권을 잃어버리거나 이런저런 곤란에 빠지는 경우가 있어요. 그럴 때는 먼저 자기 나라 대사관에 연락해야 해요. 대사관에서 문제를 해결하도록 도와줄 수 있어요.

찬스카드
이 카드를 간직해 두었다가 필요할 때 쓰거나 파세요.
감옥에서 꺼내 줘요.

면책 특권

외교관은 자신들이 부임한 대부분의 나라에서 법적 처벌을 받지 않아요. 이 법칙은 오랫동안 관습적으로 행해지다가 1961년 빈 협약으로 공식 법률이 되었어요.

조심조심, 몰래몰래

외국에서 사는 외교관들은 중요한 정보와 건물에 접근할 수 있는 권리가 있어요. 오랜 세월 동안 많은 외교관들이 다른 나라의 비밀을 캐는 스파이 노릇을 했다는 의심을 받았어요.

여러 가지 정치사상들

손에

정치는 때로 국경을 넘어가요.
이웃 국가들끼리 서로 돕고 힘을 합하기도 하지만,
의견이 다를 때도 있지요. 전쟁, 자연 재해 등 여러 가지 위기는
전 세계 모든 사람에게 영향을 미쳐요. 그래서 여러 국가들은
서로를 돕기 위해 모여서 국제 연합을 만들었어요.

국제 연합(UN)

언제 만들어졌나?
1945년 10월 24일에 51개 나라가 창립했어요.

왜?
제2차 세계 대전이 끝난 뒤, 제3차 세계 대전이 일어나는 것을 막기 위해 만들었어요.

누가?
국제 연합 헌장은 중국, 소련, 영국, 미국의 대표가 작성했어요. 국제 연합이라는 이름은 당시 미국 대통령이었던 프랭클린 루스벨트가 지었어요.

어떤 일을 할까?
국제 연합 헌장에 따르면 국제 연합은 여러 가지 사회, 경제, 군사 문제에 대해 행동할 수 있어요. 회원국들이 이런저런 문제를 제기하거나 도움을 요청하면 지원할 방법과 해결책을 찾는 토론도 해요.

위 : 국제 연합 로고

왼쪽 : 미국 뉴욕에 있는 국제 연합 본부

국제 연합의 구성 요소

1 총회
총회는 모든 회원국이 국제 연합에 다섯 명씩 보낸 대의원으로 구성돼요. 총회는 국제 연합의 중심 기관으로, 중요한 결정은 모두 여기서 이루어지지요. 투표할 때는 모든 회원국이 평등해서 한 나라에 한 표씩이에요.

한 나라가 × 한 표씩

2 안전 보장 이사회
안전 보장 이사회는 열다섯 개 회원국으로 이루어지는데, 그중 다섯 나라(미국, 러시아, 중국, 프랑스, 영국)는 상임 이사국이에요. 나머지 열 개 나라는 총회를 통해 돌아가면서 뽑혀요. 안전 보장 이사회는 특별한 힘이 있고, 보통은 전쟁과 평화와 관련된 문제를 다루지요. 갈등을 해소할 방법을 찾고, 때로는 잘못한 국가에 제재 조치를 내리는 일도 해요.

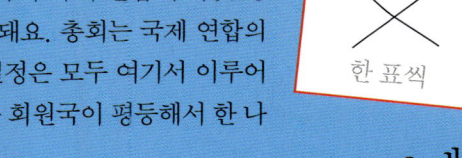

국제 연합에

스위스는 2002년 9월 10일에 국제 연합에 가입했어요.

지도 보기
현재 국제 연합의 회원국은 모두 192개국이에요. 국제 연합은 세계 평화와 안전을 지키고, 국가들의 발전을 돕고, 사회 경제 문제를 해결하고, 인권을 보호하는 것을 목표로 해요.

손잡고

손에 손잡고

연합이란 무엇일까?
연합은 둘 이상의 나라가 같은 목적 아래 모이는 것이에요. 정당 몇 개가 연합해서 정부를 이룰 수 있듯이, 국가도 여럿이 연합을 이룰 수 있어요.

3 경제 사회 이사회
세계의 금융, 사회, 환경 문제를 다뤄요. 무역과 경제 협력을 증진해서 생활과 교육 수준을 높이고자 해요.

4 국제 사법 재판소
국제 연합의 주요 기구 가운데 뉴욕이 근거지가 아닌 것은 국제 사법 재판소뿐이에요. 국제 사법 재판소는 네덜란드 헤이그에 있고, 국제 분쟁과 회원국이 의뢰한 문제들에 판결을 내려요. 재판소는 총회와 안전 보장 이사회에서 뽑는 재판관 열다섯 명으로 이루어져요. 각 재판관의 임기는 9년이에요.

함께 하는 나라들

동티모르는 2002년 9월 27일에 국제 연합에 가입했어요.

현재 비회원 참관국은 바티칸 시국과 코소보 둘뿐이에요.

- 1945년 창립할 때 가입한 회원국
- 그 후에 가입한 회원국
- 비회원국

5 사무국
국제 연합 직원들은 사무총장의 지휘 아래 일하고, 사무총장은 국제적으로 국가 원수와 같은 대접을 받아요. 사무국의 여러 부서는 국제 연합을 운영하는 일을 해요. 2009년에 국제 연합 직원의 수는 모두 4만 명이었어요.

여러 가지 연합들

유럽 연합(EU)
유럽은 공식과 비공식 연합을 가리지 않고 여러 가지 방식으로 시험했어요. 그러던 1952년에 프랑스, 벨기에, 이탈리아, 룩셈부르크, 독일, 네덜란드 여섯 나라가 유럽 석탄 철강 공동체를 만들었어요. 이 공동체가 몇 차례 변화한 끝에 1993년 유럽 연합으로 다시 태어났지요.

아세안(ASEAN)
아세안은 '동남아시아 국가 연합'을 뜻하며 현재는 인도네시아, 말레이시아, 필리핀, 싱가포르, 타이 등 열 개 나라가 참여해 정치와 경제 문제를 협력하고 있어요.

메르코수르(MERCOSUR)
메르코수르는 '남아메리카 공동 시장'이라는 뜻으로 아르헨티나, 브라질, 우루과이, 파라과이가 속해 있어요. 남아메리카 지역의 무역과 경제 성장을 추구하는 연합이에요.

나토(NATO)
나토는 '북대서양 조약 기구'라는 뜻의 군사 연합으로, 군대와 평화 유지에 관한 문제를 협력해요. 나토에는 미국, 서유럽, 터키가 가입해 있어요.

모든 지역 연합들은 국제 연합의 원칙을 따라야 해요.

세계 곳곳에 있는 연합의 로고들이에요.

여러 가지 정치사상들

국가들이 서로 불화할 때

정치에서는 모든 사람의 의견이 일치하기가 어려워요. 국제 관계에서도 마찬가지예요. 외교와 대화가 실패하면 몇 가지 다른 방법으로 의견 차이를 좁혀 나가기도 해요.

말로 해결합시다!

1945년에 국제 연합을 창립하면서 세계의 여러 국가들은 평화롭게 지내고 분쟁이 일어나더라도 중재와 협상을 통해 해결하기로 합의했어요. 국제 사법 재판소는 당사국이 허락하면 언제나 분쟁의 내용을 듣고 해결책을 제시해 줘요.

문제 국가를 다루는 몇 가지 방법

 **무역 제재** 문제 국가의 행동을 바로잡기 위해서, 무역 제재를 통해 상품을 수입하고 수출하지 못하게 막을 수 있어요. 무역 제재는 먼저 무기에서 시작해서 식량과 연료를 포함하는 다른 경제 영역으로 이어져요.

 **원조 중단** 다른 나라의 도움을 받아야만 제대로 운영되는 국가가 문제를 일으키면 그 국가에 기술, 교육, 식량, 돈을 지원하는 일을 제한할 수 있어요.

참여 막기 의견 차이를 해결하는 또 다른 비폭력적인 방법은 문제 국가를 특정 행동에 참여하지 못하게 하는 거예요.

 **보이콧** 국가 사이에도 '보이콧'을 할 수 있어요. 보이콧이란 특정 행동을 막는 거예요. 문제 국가의 상품을 사지 않는 것, 그 나라와 운동 경기를 하지 않는 것, 국제 문화 행사에 참가하지 못하게 하는 것 등이 있어요.

 **국제 기구** 문제를 일으킨 국가는 국제 연합 같은 국제단체에서 힘을 잃기도 해요. 그로 인해 어쩔 수 없이 정책을 변화시키거나 평화를 선택하기도 하지요.

 **무력 위협** 다른 모든 방식이 실패하면 분쟁 중인 국가를 무력으로 위협할 수 있어요. 무력은 불화를 해결하는 마지막 방법 가운데 하나예요. 대개 국제 연합 안전 보장 이사회가 개입해서, 문제 국가의 상대 국가에게 무력을 써도 된다고 허락해요.

 **군비 경쟁** 한때 사람들은 무기를 쌓아 올리는 것이 평화를 지키고 다른 나라의 위협을 막는 최선의 방법이라고 여겼어요. 하지만 이것은 오히려 국가 간에 긴장을 불러일으켜 전쟁에 가까운 상황들을 만들었지요.

초강대국이 뭐야?

국가들이 서로 불화할 때

어떤 문제가 불화를 부를까?

불화는 한 국가가 영토를 넓히려고 다른 국가의 땅을 빼앗을 때 가장 많이 일어나요. 다행히 바다는 누구의 소유도 아니지만, 국가들은 해안선에서 19킬로미터까지 바다를 통제할 수 있고, 320킬로미터까지 경제 활동을 할 수 있어요.

무엇을 위한 전쟁일까?

인류의 역사에서 수없이 일어났던 전쟁은 많은 것을 끔찍하게 파괴했어요. 전쟁은 대부분 한 지역에서 벌어졌지만, 전 세계에 영향을 미쳤던 세계 대전도 두 차례 일어났고 수백만 명이 죽은 국제 분쟁도 여러 번 있었어요. 어떤 불화가 있더라도 전쟁은 가장 마지막 수단이 되어야 해요.

왜 전쟁에 참가하지?

전쟁은 분쟁을 멈추거나 위협을 없앨 다른 방법이 없을 때에만 사용해. 현재 국제 연합은 먼저 공격을 당한 나라에만 전쟁할 권리를 허락해 줘. 이 말은 군비 경쟁이나 다른 형태의 군사 대결을 중단하라는 뜻이야.

초강대국은 다른 여러 나라에 아주 강력한 힘을 미치는 나라야. 지금은 미국이 초강대국으로서 전 세계에 영향력을 발휘하고 있지.

"협상이 전쟁보다 낫다."

윈스턴 처칠, 전 영국 총리.

 정치 참여

국민인 우리가 국가를 운영하는 방식에 의견을 전달할 수 있을까요? 우리가 정치에 영향을 미치는 방법은 어떤 것이 있을까요?

많은 나라에서,
특히 민주주의 국가에서
국민은 투표권 같은 권리와
표현의 자유 같은 자유를 누려요.
국민은 자기 견해를 표현하고,
자신이 원하는 정부를 선택하고,
옳지 않다고 생각하는 정책에
반대할 수 있어요.

민주주의 국가에서
국민은 정부를 세우거나 무너뜨릴
힘이 있기 때문에 정치 세력들은
'민중'의 말에 귀 기울여요.

아무것도 하지 않을 수 있고,
국민의 권리를 활용해서
정치를 바꾸고
세상을 움직일 수도 있어요.
어떻게 할 것인지는
우리 각자에게 맡겨진 일이에요.

내가 변화시킬 수 있어!

정치 참여

헌법이란 무엇일까?

대부분의 나라는 나라를 어떻게 통치해야 하는지를 법률로 정해 두었어요. 이 법률을 가리켜 헌법이라고 하지요. 헌법은 보통 하나의 문서로 되어 있지만 문서의 형식을 갖추지 않은 경우도 있어요. 그래도 국가를 통치하는 기준을 담았다는 점은 같아요. 헌법은 정부를 이루는 각 부분의 역할을 정해서 한 사람이나 한 집단이 권력을 독차지하는 것을 막고, 국민이 의사 결정에 참여하게 해요. **헌법은 크게 세 부분으로 나뉘어요.**

우리는 정부가 실천할 정책을 고안해 내지.

헌법

정부의 역할에 대한 규정

행정부
행정부는 정책을 만들고 실행하는 역할을 해요. 행정부가 만든 정책은 입법부로 넘어가요.

정부의 제도에 대한 규정

단일제
중앙 정부가 국가 전체에 대한 정책을 만들어요. 그 정책을 지방 정부가 실행하도록 지시하기도 해요.

또는

국민의 권리에 대한 규정

정치적 권리
국민이 갖는 법적, 도덕적 권리는 국가마다 다르지만 대개 투표권, 의사 표현의 자유, 교육 받을 권리를 포함해요.

그리고

"하나의 나라, 하나의 헌법, 하나의 운명."

헌법이 유명한 나라들

미국 미국 헌법은 영국의 지배에서 벗어나기 위해 독립 운동을 한 결과로 만들어졌어요. 18세기 말에 처음 작성된 이래 여러 차례 수정하여 오늘날의 헌법에 이르렀어요.

유럽 유럽 연합은 2004년에 모든 회원국을 위한 헌법 문서를 만들었지만 합의를 이루지는 못했어요. 대신 2009년에 발효된 리스본 조약이 헌법의 역할을 대신 맡았어요.

인도 인도 헌법은 세계에서 가장 긴 성문 헌법으로, 조항이 모두 444개나 돼요. 이 헌법을 문서로 편찬하기 위한 토론에만 3년 가까운 시간이 걸렸어요.

1787년 9월 17일 미국 필라델피아에서 42명의 대표가 미국 헌법에 서명했어요. 그중에는 미국의 초대 대통령이 된 조지 워싱턴도 있었어요.

문제없어 보이는걸.

이제 우리는 모든 사람이 법을 잘 지키도록 하겠어!

입법부
입법부는 행정부의 정책을 실행하기 전에 검토하고 승인하는 일을 해요.

사법부
사법부는 사람들이 국가의 법률을 잘 지키는지 아닌지를 판단해요.

연방제
연방제는 국가를 지역으로 나누고 지방 정부와 연방 정부, 두 단계의 정부로 구성돼요. 연방 정부는 국가 전체와 지방 정부를 위한 정책을 만들어요.

국가 연합
국가 연합을 구성하는 개별 국가의 정부는 자기 지역의 법률을 만들고, 국가 연합이 해야 할 일을 요구해요.

인권
인권이란 사람이라면 누구나 생존과 존엄을 위해 누려야 하는 기본 권리와 자유를 가리켜요. 인권의 범위는 나라마다 달라요.

인권에는 국가의 행동에 반대하는 사람도 이유 없이 체포되지 않을 권리가 포함돼요. 누구나 법 앞에 평등하며, 재산권을 보호받아요.

다니엘 웹스터(1782년~1852년)

정치 참여

국제 사면 위원회는 세계의 인권을 보호하기 위해 노력해요. 국제 사면 위원회의 로고는 희망의 빛을 상징하지요.

국민의 권리와 책임

권리와 책임 사이에서 균형 잡기

교실에서

학교에 가는 것은 교육권이라는 권리예요. 왜 권리라고 하는지 궁금한가요? 교육은 생활을 향상시키는 데 평생 필요한 기술을 익히게 해서 어린이들이 가난을 벗어나고 건강을 유지하도록 도와줘요. 하지만 전 세계에서 수많은 어린이가 학교에 가지 못하거나 수업에 집중하지 못해서 배움의 권리를 누리지 못해요.

- 우리는 다른 사람의 배움을 가로막지 않을 책임이 있어.
- 내 책 좀 돌려줘.
- 우리는 교육을 받을 권리가 있지.

전 세계에서 수백만 명의 어린이가 교육을 받지 못하고 일을 하러 가요.

거리에서

안전하고 지속 가능하며 깨끗한 환경에서 사는 것은 기본 인권이에요. 모두가 행복하고 건강하고 안전하게 살 권리가 있기 때문이에요.

- 우리는 건강한 환경을 누릴 권리가 있어.

환경을 보호하고 재활용하고 지속 가능한 자원을 사용하는 것은 우리와 이웃 그리고 미래 세대를 위한 책임이에요.

날마다 1만 4,000명이 오염된 물 때문에 죽어 가요.

unicef ⓒ 국제 연합 아동 기금은 아동 권리 협약(1989년)을 지지해요.

많은 나라가 헌법에 국민의 정치적 권리와 인권을 규정해 놓았어요. 정부는 헌법을 따라야 해요. 국민이 갖는 권리의 수와 종류는 나라마다 달라요. 국민은 권리를 누리는 한편, 법을 지키고 다른 이들도 권리를 누릴 수 있도록 올바르게 행동해야 하는 법적, 도덕적 책임도 있어요.

세계에서

평등할 권리와 차별받지 않을 권리는 세계 인권 선언(1948년)의 핵심이에요. 다른 사람을 존중하고 자기 존엄성을 갖는 것은 지구촌 가족 모두가 평화를 누리기 위해 필요한 기본 조건이에요.

> 우리는 쓰레기를 아무 데나 버리지 않고, 다른 사람에게 불쾌감을 주지 말아야 할 책임이 있어.

> 우리는 평등하게 대접받을 권리가 있어.

> 그리고 다른 사람에게 피해를 주거나 차별하지 않을 책임이 있지.

행동하는 인권

제2차 세계 대전이 끝나고 몇 년 후인 1948년에 국제 연합이 세계 인권 선언을 발표했어요. 세계 인권 선언은 30개 조항으로 이루어져 세계의 자유와 평화와 정의를 위해서 모두가 누려야 하는 권리와 자유를 다뤄요.

충돌하는 권리

때로 두 가지 권리가 충돌하는 경우가 있어요. 예를 들어 영화배우가 개인으로서 조용히 생활할 권리와 신문사가 주장하는 표현의 자유가 충돌할 수 있어요. 이런 경우는 법정에 가서 어떤 권리가 더 중요한지 사법부의 결정을 구하게 돼요.

> 제발, 사진은 싫다니까. 이 결혼식은 내 사생활이라고!

모든 어린이는 교육, 보건, 의식주, 놀이, 안전, 그 밖에도 많은 것을 누릴 권리가 있어요.

정치 참여

투표할 권리

민주주의 사회에서 투표권은 국민이 나라를 통치하는 방법에 영향을 미치는 중요한 수단이에요. 정부가 선거를 치르기로 결정하면 국민은 자신의 뜻을 펼칠 기회를 얻는 셈이지요. 선거는 투표권을 가진 국민이 유권자로서 투표를 통해 정치 지도자나 정부의 대표를 선택하는 일이에요.

선거 운동

선거에 나가는 정치인은 당선되기 위해서 사람들에게 자신을 지지해 달라고 부탁해요. 정치인들이 속한 각 정당은 정책(정치의 목적을 실현할 계획)을 만들어서 선거에 당선되면 무슨 일을 어떻게 할 것인지 설명하지요.

1 공약 작성
각 정당은 자신들이 당선되면 실행할 행동이나 정책들을 준비해요. 이것을 공약이라고 불러요.

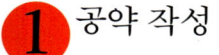

2 유권자 만나기
각 정당에서 나온 후보는 지역을 돌아다니면서 유권자들을 만나 자기 생각을 전하고 자신을 뽑아 달라고 설득해요.

3 공약을 홍보하기
후보들은 공약 자료와 포스터를 나누어 주고 텔레비전과 라디오에 출연해서 자신의 정치사상과 인품을 알리며 자신에게 투표해 달라고 부탁해요.

4 투표 권유하기
선거일이 되면 정치인들은 사람들에게 꼭 투표할 것을 권유해요.

"투표는 총알보다 강하다."

투표할 권리

누가 투표를 할 수 있나?

> 1893년 뉴질랜드는 세계 최초로 여성에게 투표권을 줬어요. 대부분의 나라가 여성 참정권을 인정하기까지 수많은 여성들이 눈물겨운 투쟁을 벌여야 했어요.

어떤 사람에게 투표할 권리가 있는지는 법에 정해져 있어요. 나라마다 다르지만 대부분의 나라는 일정한 나이(대부분 열여덟 살)가 된 국민에게 투표권을 줘요. 어떤 정부는 죄수나 여성에게는 투표권을 주지 않아요. 오스트레일리아는 법에 따라서 모두가 투표를 해야 하고 투표하지 않으면 벌금을 내야 해요.

인도의 전자 투표

투표용지에 기표하는 방법은 나라마다 달라요. X자나 V표를 하기도 하고, 지문을 찍는 경우도 있지요. 인도에서는 기표소에 마련된 전자 장치를 눌러서 원하는 후보를 선택해요.

투표에 참여한 적이 있나요? 반장 선거에는 대부분 참여해 봤을 거예요. 누구를 찍을지 어떻게 결정했나요?

기표소에 들어가서

투표자는 기표소에 들어가서 투표용지에 기표를 하고, 잘 접은 뒤 투표함에 넣어서 누구를 찍었는지 아무도 모르게 해요. 투표함은 투표가 모두 마감된 다음에 열어요. 투표 제도에 따라서 다양한 형태의 투표용지가 사용되고 있어요.

1위 표기 투표

투표자는 자신이 지지하는 후보 옆에 기표를 해요. 가장 많은 표를 얻은 후보가 당선되지요.

1, 2순위 표기 투표

기표 칸이 두 줄인 투표용지를 써요. 첫 번째 줄에는 가장 지지하는 후보를 기표하고, 두 번째 줄에는 그다음으로 지지하는 후보를 기표해요. 1순위 후보가 50퍼센트 이상 표를 얻으면 당선되지만, 과반수에 못 미치면 최다 득표자 두 사람의 2순위 득표수를 더해요. 1, 2순위 표를 더해 더 많은 표를 얻은 후보가 당선되는 거예요.

전체 순위 표기 투표

마음에 드는 순서대로 후보들에 번호를 매겨요. 어떤 후보도 1위 표를 50퍼센트 이상 얻지 못하면, 표가 가장 적은 후보를 빼고 2위 표를 계산해요. 확실히 과반수 표를 얻은 후보가 나타날 때까지 계속해요.

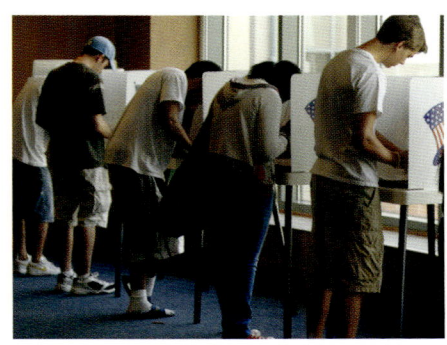

기표소는 다른 사람이 투표자의 투표 내용을 알 수 없도록 가림 장치가 되어 있어요.

이름	
존스	
싱	
패티	X
라마	
스미스	
코스타	
제이콥스	
스마트	

'1위 표기 투표' 방식에 사용되는 투표용지

이름	1순위	2순위
존스		
싱		
패티	X	
라마		
스미스		
코스타		X
제이콥스		
스마트		

'1, 2위 표기 투표' 방식에 사용되는 투표용지

이름	순위
존스	8
싱	4
패티	1
라마	7
스미스	5
코스타	2
제이콥스	3
스마트	6

'전체 순위 표기 투표' 방식에 사용되는 투표용지

에이브러햄 링컨(1809년~1865년)

정치 참여

서로 의견이 다를 때

국민은 누구에게 투표할지 어떻게 결정할까요? 가장 좋은 방법은 국민이 각 정당의 서로 다른 정치사상에 대해 잘 알고 나서, 스스로 판단하는 거예요. 의견 차이는 정치에 건강한 활력을 불어넣어요. 토론을 통해서 서로의 차이를 이해하고 공통점을 발견할 수 있게 되거든요.

토론은 어떻게 이루어질까?

누군가 발언을 하거나 안건을 내면 다른 사람이 동의하거나 반대해요.

준비를 잘 해야 해요
토론자들은 토론할 내용에 대해 조사하고, 안건에 동의하거나 반대할 근거를 찾아요.

토론이 시작돼요
토론자들은 상대에게 자기주장이 옳다는 근거를 제시해요. 토론자들은 서로를 존중해야 하지요.

조사를 해 봤더니……

그래서 제안하는데……

그 제안은 거절합니다. 이유는……

토론이 끝나면 유권자가 결정을 내려요
국민은 토론을 듣고 누구를 지지할지 판단할 수 있어요. 어떤 의견이 국민에게 가장 큰 지지를 받는지를 두고 투표하기도 해요.

큰 문제에 대한 생각이 서로 같은 사람들이

서로 의견이 다를 때

의사 표현의 자유

자기 생각과 견해를 자유롭게 표현해 다른 사람에게 전할 권리는 국제적으로 인정받는 권리예요. 우리는 의견 차이를 표현하고 토론해서 법을 만들고 바꿀 수 있어요.

국민은 의사 표현의 자유에 따라 항의 집회를 할 수 있어요. 오스트레일리아 원주민 어린이들이 시위를 하는 장면이에요.

네 의견은 뭐야?

아래의 안건들에 대해서 찬성 또는 반대할 논거를 생각해 봐요.

안건 1. 재활용을 하도록 법으로 정해야 한다.

안건 2. 애완동물 키우는 것을 금지해야 한다.

안건 3. 모두가 신분증을 가지고 다녀야 한다.

만약 이 안건에 반대한다면 다음과 같은 논거를 찾을 수 있어요.
- 애완동물은 사람들의 친구가 될 수 있어요.
- 애완동물을 키우면서 책임과 돌봄을 배울 수 있어요.

반대로 이 안건에 찬성하는 논거로는 다음과 같은 것들이 있어요.
- 동물은 야생으로 돌아가야 해요.
- 애완동물은 질병을 옮겨서 비위생적이에요.

문제들은 연결된다

한 가지 문제에 대한 의견은 다른 문제에 대한 견해에도 영향을 미쳐요. 예를 들어 환경 문제와 지구의 파괴를 걱정하는 사람은 항공 여행, 채광(광석을 캐내는 것), 벌목(나무를 베어 내는 것)도 걱정하고, 채식주의를 좋게 생각할 가능성이 많아요.

다른 문제에 대해서도 영향력을 발휘하기 위해 정당을 만들어요.

정치 참여

표현의 자유

결사의 자유

압력을 가하라

국민이 정부에 영향력을 미치는 또 다른 방법은 압력 단체 또는 이익 단체에 가입하는 거예요. 이해관계가 같은 사람들이 모여 단체를 만들어서 권력이 있는 사람들에게 자신들의 이야기를 들어 달라고 요청해요.

영향력을 미치는 방법

정부가 귀를 기울이는 압력 단체들에게는 몇 가지 특징이 있어요.

많은 회원 수
집단 규모가 클수록 시위를 하거나 나라의 일부를 마비시켜서 영향력을 크게 발휘할 수 있어요.

미국 펜실베이니아 주 피츠버그에서 G20 정상회의가 열리자 시위대가 이에 반대하는 시위를 벌이고 있어요.

경제적 힘
노동조합은 노동자들이 근로 조건과 임금을 향상시키기 위해 모인 단체예요. 파업을 해서 직장을 멈추게 할 수 있어요.

남아프리카 공화국 케이프타운에서 노동자들이 파업 집회를 하고 있어요.

언론의 관심 얻기
언론의 주목을 받는 단체는 유권자 대중에게 많은 지지를 얻을 수 있어요.

영국 배우 조안나 럼리가 구르카 용병 문제에 언론의 관심을 모으고 있어요.

재정을 지원받는 능력
지지자들에게 재정 지원을 충분히 받는 단체는 홍보물도 만들고 일꾼도 고용할 수 있어요.

그린피스는 배를 갖고 있어요.

정보에 접근하는 능력
정부는 정치적 결정을 내리기 위해 특정 단체에게 정보를 요구하기도 해요. 단체는 정보를 전달하면서 스스로에게 유리한 상황을 만들 수 있어요.

정부는 농민 단체가 제공하는 정보를 통해서 농업이 침체하고 있다는 결론을 내려요.

국제 연합 아동 특별 총회에 여러 나라 어린이가 참여했어요. 사진에 나온 우간다 어린이들을 비롯한 여러 어린이가 국제 연합 총회에서 연설을 했어요.

> "사람은 자기 권리보다 자기 이익을 위해 싸울 때 더 열심이다."
> 나폴레옹 보나파르트(1769년~1821년)

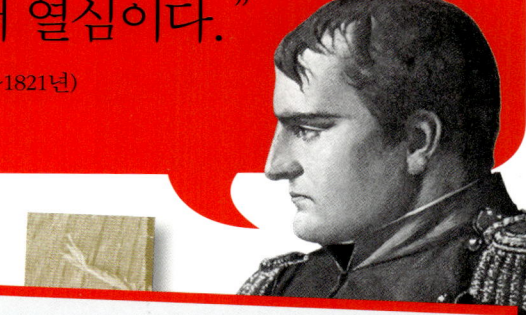

결정 내리기

좋은 점

압력 단체는 선거가 없는 시기에 정부가 여론을 듣게 만드는 수단이 될 수 있어요. 압력 단체는 정부에게 정책 결정에 필요한 전체적인 관점을 제공하기도 해요.

나쁜 점

하지만 압력 단체와 정부 관계자가 몰래 만나서 비밀리에 결정을 내리면, 과정 자체도 비민주적일 뿐더러 결국 뇌물 수수 등의 부패 문제가 일어나요. 돈 많은 대형 압력 단체는 자신들과 반대되는 주장을 하는 이름 없는 소규모 압력 단체보다 정부에 더 큰 영향력을 발휘할 수 있어요.

국제 연합 아동 특별 총회

2002년에 국제 연합 총회는 전 세계 어린이의 삶을 개선하는 데 집중하기 위한 행사를 열었어요.

압력을 행사하는 방법

1 정치인과 교섭하기
단체는 자신들과 관련된 분야를 책임지는 장관이나 행정가를 만나서 정치적 지지를 얻을 수 있어요.

2 지원을 약속하기
단체는 정치인에게 투표를 해 주고 선거 자금을 지원하기로 약속할 수 있어요. 그 대신에 자신들의 이익을 대변하고 옹호해 달라고 요청할 수 있지요.

3 시위하기
단체는 언론이나 시위를 통해 대중의 지지를 얻어서 이익을 도모할 수 있어요.

4 소송을 걸기
집단은 소송을 걸어서 자신들에게 유리한 법 해석을 이끌어 낼 수 있어요.

5 유명인을 이용하기
단체는 영화배우나 유명인에게 지지해 줄 것을 부탁하고, 이들을 앞세워 홍보 활동을 할 수 있어요.

미국 배우 조지 클루니가 2006년 미국 워싱턴 시에서 열린 '다르푸르 살리기' 행사에서 연설하고 있어요.

정치 참여

경제와 정치의 관계

국민의 투표는 정부가 마련한 경제 운영 계획과 세금을 사용하는 방식에서도 영향을 받아요. 국가 경제란 나라 안에서 돈, 물품, 서비스가 오고 가는 일을 조정하고 자원을 관리하는 일을 말해요.

경제는 어떻게 돌아갈까?

기업은 사람들에게 일자리를 만들어 주고 물품과 서비스를 공급해요. 물품과 서비스를 팔아서 얻은 소득(수익)의 일부는 정부에 세금으로 내요.

기업

정부와 기업과 국민은 서로에게 의지하여 국가 경제를 이루고 있어요.

와장창!
연결 고리의 한쪽만 무너져도 경제는 주저앉을 수 있어요. 예를 들어 기업은 대개 투자자에게 돈을 빌려야 해요. 투자자들이 돈을 빌려 주지 않으면 기업은 직원을 고용하지 못하고, 그러면 물품과 서비스 생산량이 줄고 정부에 낼 세금도 줄어들지요. 이 연결 고리가 무너지면 사람들이 일자리를 잃고 소비를 줄여서 기업이 망하고 정부는 공공 서비스를 제공하지 못해요.

국민은 일해서 번 소득(봉급)의 일부를 정부에 세금으로 내고 남은 돈으로 이런저런 물품과 서비스를 사고 기업에 투자도 해요.

경제와 정치의 관계

정부는 경제 교환 과정에 얼마나 개입할지, 어떤 명령을 내릴지, 기업과 국민에게 얼마나 많은 자유를 주어 스스로 결정하게 할지를 잘 조절해야 해요.

정부는 소득(세금)으로 국민에게 교육, 주택, 치안, 보건 서비스를 제공해요. 기업 활동에 필요한 제도나 일거리를 만들어서 기업체도 잘 돌아가게 해요.

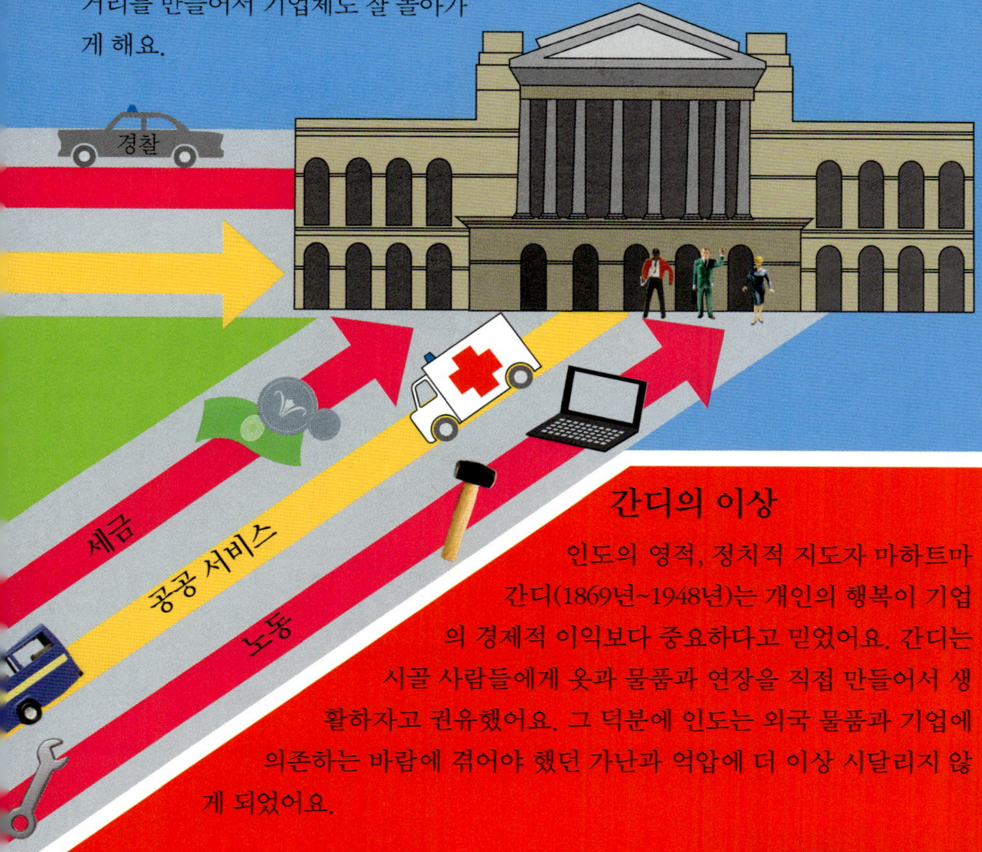

정부

세금
공공 서비스
노동

간디의 이상

인도의 영적, 정치적 지도자 마하트마 간디(1869년~1948년)는 개인의 행복이 기업의 경제적 이익보다 중요하다고 믿었어요. 간디는 시골 사람들에게 옷과 물품과 연장을 직접 만들어서 생활하자고 권유했어요. 그 덕분에 인도는 외국 물품과 기업에 의존하는 바람에 겪어야 했던 가난과 억압에 더 이상 시달리지 않게 되었어요.

간디의 두 가지 경제 원칙

원칙 1: 나라에 인구가 많으면, 기계를 쓰지 말고 일자리를 더 만들어서 사람들이 돈을 벌 수 있게 해야 해.

원칙 2: 나라는 필요한 만큼만 생산해야 해. 과잉 생산을 하면 외국과 경제적으로 경쟁하게 되고 그로 인해 낮은 임금을 주며 사람들을 착취하게 되지.

몇 가지 원칙

권리와 규제

경제는 크게 자유 시장 경제와 계획 경제, 두 가지로 나뉘어요. 자유 시장 경제에서는 사람과 기업이 수요와 공급에 따른 가격 변화에 기초해서 스스로 결정을 내려요. 정부는 기업이 거짓을 말하거나 부당한 가격을 매기는 행위 등을 금지하는 몇 가지 규제만 실행하지요. 소비자는 원하는 것을 원할 때 살 수 있고, 기업은 이익을 내기 위해 경쟁해요. 계획 경제에서는 정부가 경제의 전 영역을 통제하고, 가격과 임금을 결정해요. 공공 서비스는 세금으로 운영하기 때문에 공짜예요.

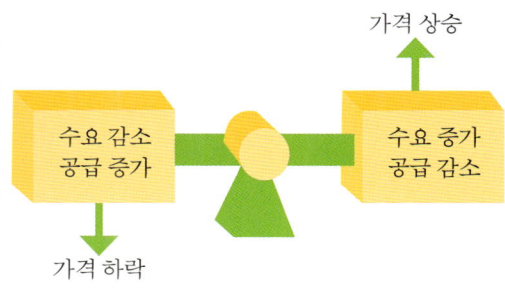

가격 상승
수요 감소 공급 증가 — 수요 증가 공급 감소
가격 하락

인플레이션

두 가지 경제 모두 정부가 돈이 부족하면 화폐를 더 많이 찍게 돼요. 그러면 화폐 가치가 떨어지고 물가가 올라가는 인플레이션이 일어나요.

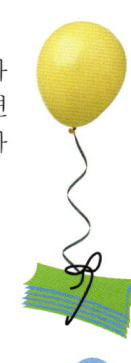

정치 참여

쿠데타는 어떻게 일어날까?

쿠데타는 프랑스 어로 '국가의 타격'이라는 뜻으로, 정부를 갑자기 무너뜨려 권력을 빼앗는 일을 말해요. 선거를 통해서 새 정부로 바꾸지 않고 정부가 힘이 약할 때, 고위 군인들과 같은 소수 집단이 무력으로 권력을 잡는 것이지요. 그다음에 새 정부가 꾸려지기도 하고, 상황이 혁명으로 번져서 정치 제도가 완전히 바뀌기도 해요.

쿠데타가 일어난 날…
쿠데타 집단이 정부 건물을 습격해요.

그와 동시에…
그리고 모든 통신 수단과

얼마 후…
정부는 저항하지 못해요.

또 얼마 후…
온갖 긴급 조치가 내려져요.

쿠데타는 어떻게 일어날까?

쿠데타가 일어나는 과정

정부가 약하면…

사람들이 나라가 돌아가는 방식에 불만을 품어요.

소수 집단이 비밀리에 회의를 해요…

쿠데타 집단이 정부를 뒤엎을 방법을 계획해요.

교통수단을 비롯한 교통망과

국가의 전력 공급과

재정을 장악해요.

한두 달 뒤…

국가의 질서가 회복돼요.

이제 어떻게 될까요?

쿠데타 지도자들은 앞날의 통치 방법을 결정해요.

정치 참여

미래의 정부 그리고

우리가 살고 있는 세계의 정치는 끊임없이 변화해야 해요. 왜냐하면 기술 발전, 환경 문제 같은 일들과 여러 나라들이 겪게 되는 중요한 국제적 사건에 대응하려면 정치가 필요하기 때문이에요.

세계 정부가 필요할까?

현재 각 국가의 정부는 국내 문제를 다루고, 국제 연합과 국제 통화 기금(IMF) 등의 국제기구는 여러 나라가 관련되는 문제를 다뤄요. 하지만 전 세계 정부가 협력해야 하는 지구 전체의 문제가 점점 많아지고 있어요.

1945년에 창립된 국제 연합은 정부들이 서로 협력하게 도왔지만, 모든 전쟁과 분쟁을 중단시키지는 못했어요. 또 모든 나라가 기후 변화에 대한 교토 의정서와 같은 국제 조약을 따르게 하지도 못했어요.

어떤 나라는 자기 나라가 다른 나라보다 강하다고 생각해요. 이렇게 자기 나라의 힘에 대해 자부심을 갖는 것을 '민족주의'라고 하는데, 민족주의는 모든 국가가 평등하고 국경이 없는 단일한 세계 정부를 만드는 데 장애가 될 수도 있어요.

> 세계 정부의 대의원은 어떻게 뽑지?

> 국가 정부들이 순순히 국내 정책에 대한 권력을 포기할까?

미래의 여러 문제를 해결하는 데 단일한 세계 정부가 가장 좋은 방법일까요?

대처할 방안을 상상해 봐요

국민이 이끄는 정치

국민이 정책을 결정할 수 있을까요? 오늘날은 기술이 고도로 발달해서 인터넷을 통해서 자유롭게 자기 의견을 표현하고, 정보에 접근하고, 정치에 참여할 수 있게 되었어요.

나라가 없는 세상

1971년에 존 레넌은 「상상해 봐요」라는 노래를 만들어서, 나라가 없고 갈등도 없고 식량 같은 자원은 나누어 가지는 세상을 그렸어요. 이같은 상상의 세계가 실현된다면 사람들은 자신을 세계 시민으로 여길 거예요.

"언젠가 당신도 우리와 함께하기를 희망해요.

미래의 정부 그리고 그 너머의 정부

그 너머의 정부

한편 정부의 역할과 국민의 정치 참여는 언제나 많은 토론을 할 수 있는 주제예요. 미래의 정부는 어떤 것일까요? 과연 하나의 세계 정부를 만들 수 있을까요?

우주 정부를 상상해 봐요

먼 미래에는 우리말고도 우주에 다른 종족이 많다는 것을 알게 될지도 몰라요. 공상 과학 영화, 소설, 인터넷 사이트에는 그런 내용의 창작물이 넘쳐 나요. 다른 행성의 시민들과 함께 평등, 평화, 정의, 협력을 누리기 위해서는 우주 정부가 필요할까요?

우주 정부는 어떤 것일까요? 중앙 우주 정부가 있는 단일제일까요? 아니면 각각의 행성 정부가 있는 연방제일까요? 아니면 전혀 새로운 형태일까요?

곰곰이 생각해 봐요

우주 헌법이 있어야 할지 생각해 봐요. 우주 시민의 권리는 어떤 것일까요? 또 우주의 정치 문제에 대한 해결책은 어떻게 마련할 수 있을까요?

우주 헌법

누가 통치자가 될까요? 행정부, 입법부, 사법부가 다 있을까요? 아니면 권력을 나누고, 나쁜 결정을 막고, 법을 집행할 다른 집단이 또 있어야 할까요?

우주 권리

모든 종족에게 권리와 자유를 주어야 할까요? 모든 동물, 그러니까 파리에게도 권리를 주어야 할까요? 시민들은 다른 행성으로 자유롭게 드나들 수 있어야 할까요? 전 행성이 공유하는 물 같은 자원을 모든 시민이 쓸 수 있게 해야 할까요?

우주 정책

각 행성은 저마다 고유한 교통, 교육, 보건 제도 등을 유지해야 할까요? 아니면 우주 정부가 나서서 모든 행성이 동일한 기준을 갖도록 해야 할까요? 온 우주가 한 가지 화폐를 쓸까요? 아니면 행성별로 한 가지 이상의 화폐를 쓰게 될까요?

"세상은 하나가 되어 살아갈 거예요." 존 레넌, 「상상해 봐요」

정치 참여

어떻게 정치에 참여하면 좋을까?

1 사람들을 만날 때, 나는…
- ㄱ 모두 다 만나려고 한다.
- ㄴ 생각이 비슷한 사람들하고만 친하다.
- ㄷ 만나면 주로 질문을 한다.
- ㄹ 사람들에게 칭찬과 격려를 많이 한다.

2 친구들과 있을 때, 내 모습은…
- ㄱ 모두가 아무 문제없이 괜찮은 상태를 좋아하는 사람이다.
- ㄴ 새로운 일을 제안하는 사람이다.
- ㄷ 이야기를 가장 재미있게 하는 사람이다.
- ㄹ 모임을 꾸리고 이끌고 계획하는 사람이다.

3 좋은 생각이 떠오르면, 나는…
- ㄱ 더 자세히 알아본다.
- ㄴ 다른 사람들을 설득해 내 생각을 따르게 한다.
- ㄷ 곧바로 누군가에게 말한다.
- ㄹ 생각을 현실에 옮길 계획을 세운다.

4 동물원에 다녀오면, 나는…
- ㄱ 어떤 동물들이 멸종 위기에 놓였는지, 그 동물들을 보호하는 방법은 무엇인지 알아본다.
- ㄴ 가장 마음에 드는 동물을 골라서 더 알아보고 후원회에도 가입한다.
- ㄷ 친구에게 동물원에 가서 본 동물들에 대해 이야기한다.
- ㄹ 동물 후원회에 가입하고 친구들에게도 가입하라고 권유한다.

5 스트레스를 받을 때, 나는…
- ㄱ 별로 걱정하지 않는다.
- ㄴ 걱정에 사로잡힌다.
- ㄷ 사람들에게 이야기한다.
- ㄹ 해야 할 일의 목록을 작성한다.

결과 보기

ㄱ이 가장 많다면

당신은 정치인이 될 재능이 있어요. 국회의원으로 일하려면 정치에 대한 강렬한 열정과 스트레스를 견디는 능력, 많은 사람 앞에서 이야기를 하는 자신감이 필요해요. 학교 토론 모임이나 학생회에 가입해서 자기 의견을 표현해 봐요.

ㄴ이 가장 많다면

당신은 압력 단체 회원이 될 만한 능력이 있어요. 압력 단체는 특정한 믿음을 가지고 정치에 영향을 미치려는 사람들의 조직이에요. 어떤 일에 강한 의견이 있다면, 예를 들어 운동장 시설에 문제가 있다고 느낀다면, 친구들과 다른 사람들을 모아서 해결을 위해 노력해 봐요.

이 퀴즈를 풀고 내게 어울리는 정치 참여 방식을 알아보아요.
지금까지 정치라는 흥미진진한 세계에 대해 여러 가지를 배웠으니, 커서 정치인이나 정치 기자가 되겠다는 꿈을 품었을 수도 있어요. 야망을 크게 가지고 지금 바로 시작하세요!

6 쓰레기를 재활용할 때, 나는…

- ㄱ 환경을 생각하고 내가 할 수 있는 다른 일은 없는지 생각한다.
- ㄴ 다른 사람들도 재활용에 참여하도록 권유한다.
- ㄷ 친구들도 재활용을 하는지, 친구들이 환경을 위해 또 무엇을 할 수 있는지 생각한다.
- ㄹ 친구들에게 재활용, 에너지 절약, 자동차 함께 타기, 물 절약을 권유한다.

8 미니 홈페이지나 블로그, 트위터에 접속할 때, 나는…

- ㄱ 친구에게 무슨 일이 있는지, 친구가 무슨 일로 즐거워하고 슬퍼하는지 알아보는 것이 가장 중요하다.
- ㄴ 특정한 주제나 분야에 대한 모임을 만들어서 친구들을 가입시킨다.
- ㄷ 모든 사이트에 다 가입해서 꾸준히 점검하고 내 생각을 적어 올린다.
- ㄹ 주로 행사를 꾸리고 많은 사람을 초대하는 데 사용한다.

7 물건을 살 때, 나는…

- ㄱ 원산지 표시를 보고 만든 나라를 확인하고, 물건을 만든 사람들을 생각한다.
- ㄴ 산 물건을 친구들에게 보여 주고 똑같은 것을 사라고 권유한다.
- ㄷ 친구가 물건을 산 곳을 알아내서 찾아간다.
- ㄹ 친구들에게 우리 지역에서 만든 물건을 사라고 권유한다.

9 내 의견이 있을 때, 나는…

- ㄱ 다른 사람들과 토론한다.
- ㄴ 내 견해를 나누기 위해 사람들을 설득한다.
- ㄷ 글로 써서 사람들에게 읽힌다.
- ㄹ 나와 생각이 같은 사람을 찾아서 다른 사람들에게 말하도록 권유한다.

ㄷ이 가장 많다면

당신은 정치 기자가 될 재능이 있어요. 언론은 정치에서 중요한 역할을 해요. 사람들은 신문 방송에 나오는 이야기에 크게 영향을 받아요. 정치 기자는 정부가 현재 벌이는 일을 알차고 공정한 기사로 쓸 수 있어요. 지금 바로 학교 소식지에 글을 써 보내서 기자 생활을 시작해 봐요.

ㄹ이 가장 많다면

당신은 사회 운동가가 될 재능이 있어요. 사회 운동가는 좋은 목적을 위해 일할 뿐 아니라 정치를 잘 이해해서 기금을 더 많이 모으고 사람들의 지지를 더 얻을 새로운 방법도 찾아내야 해요. 우리가 해 볼 수 있는 일로는 자선회를 열거나, 동물 보호처럼 내가 중요하다고 여기는 일에 대해 온라인 청원을 하는 일 등이 있어요.

정치 인물 사전

정치 인물 사전

정치 세계의 유명한 사람들 가운데는 정치인이 아닌 철학자, 지도자, 혁명가도 있어요.
철학자들은 정치 이론을 펼쳤고, 지도자들은 정치 이론을 실천에 옮겨서 때로 큰 성과를 거두었어요.

공자	마르쿠스 키케로	니콜로 마키아벨리	장 자크 루소
기원전 551년~기원전 479년	기원전 106년~기원전 43년	1469년~1527년	1712년~1778년

중국의 철학자 공자의 사상은 2,000년이 넘도록 동아시아 많은 나라의 정치에 큰 영향을 미쳤어요. 공자는 정부가 법과 처벌을 내세우기보다 도덕을 통해 백성이 따르게 해야 한다고 주장했어요. 백성은 착하게 살고자 하고 그러지 못했을 경우 스스로 부끄러움을 느끼기 때문에, 통치자는 모든 백성을 도덕의 모범으로 지도하고 사랑과 관심으로 다스려야 한다고 말했어요.

로마의 지도자 키케로는 입헌주의와 현대 법의 아버지로 일컬어져요. 로마 공화국이 무너지고 내전이 발생하자, 키케로는 서로 의견이 다른 원로들에게 민주주의 공화국의 원칙을 따르자고 설득했어요. 키케로의 연설과 글은 정치사상에 많은 영향을 미쳤고 유럽과 미국 헌법을 만드는 데까지 기여했지요. 키케로의 정치 관련 논평은 오늘날까지 많은 사람이 인용하고 있어요.

마키아벨리는 이탈리아 피렌체 정부의 외교관으로 일한 뒤, 자리에서 물러나 정치에 대한 글을 썼어요. 특히 통치자의 지침서인 『군주론』이 유명한데, 이 책은 정부는 좋고 자비로운 것처럼 보여야 하지만, 행동할 때는 교활하고 무자비해야 한다고 말해요. 오늘날 '마키아벨리주의'라는 말은 정치에서 교활한 술수와 사기를 쓰는 것을 의미해요.

18세기 스위스에서 태어나 프랑스에서 활동한 철학자 루소는 진보 사상이 사람들을 불행하게 만든다고 보았어요. 그래서 사회와 교육은 개인이 자신을 표현하도록 허락해야 하고, 정부는 모든 국민에게 자유, 평등, 정의를 보장해야 한다고 말했어요. 루소의 책은 프랑스 혁명 지도자들에게 많은 영향을 미쳤고, 현대 사회주의와 공산주의의 뿌리가 되었어요.

   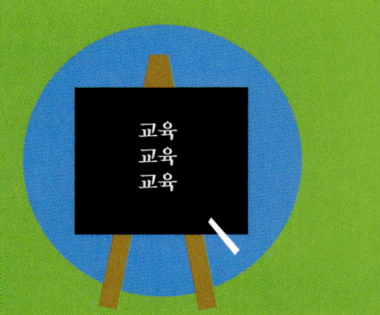

정치 인물 사전

> 나는 통치권을 맛보았기에 권력을 포기할 수 없다.

> 말이 아니라 행동이 필요하다.

나폴레옹 보나파르트
1769년~1821년

프랑스의 위대한 군사 지도자 나폴레옹은 1799년 쿠데타를 일으켜 군사 독재 정부를 세우고, 1804년에 스스로 프랑스 황제가 되었어요. 나폴레옹은 프랑스 정부를 중앙 집권제로 만들고, 프랑스 은행을 세웠으며, 상식에 기초한 나폴레옹 법전으로 법을 개혁했어요. 나폴레옹은 유럽의 다른 나라를 많이 정복했지만, 전쟁 비용이 너무 커졌고 차츰 전투에서 패배하기 시작했어요. 나폴레옹은 1814년에 추방되었고 나중에는 섬에 갇혔어요.

빅토리아 여왕
1819년~1901년

60년이 넘도록 왕위를 지킨 빅토리아 여왕은 영국에서 가장 오래 재위한 군주였어요. '빅토리아 시대'라고 하는 긴 통치 기간 동안 대영 제국은 세계로 팽창하고 산업화를 이루어 사회가 크게 변화했어요. 영국 국민은 다시 왕실을 존경하게 되었고, 이후 영국은 군주가 권력은 거의 없지만 상징적으로 국가를 대표하는 수장 역할을 하는 입헌 군주제로 발전했어요.

에멀라인 팽크허스트
1858년~1928년

에멀라인 팽크허스트는 영국 맨체스터의 정치가 집안에서 태어나, 영국의 여성 참정권 쟁취 운동에서 중요한 역할을 했어요. 팽크허스트는 1889년에 여성 참정권 연맹을 만들고, 1903년에 여성 사회 정치 연맹을 만들었어요. 연맹의 회원들인 여권주의자들은 불 지르기, 유리창 깨기, 단식 농성과 같은 과격한 수단을 사용해서 주장을 펼쳤고 수도 없이 체포되었어요.

마하트마 간디
1869년~1948년

간디는 인도의 정치적, 영적 지도자로서 사람들에게 존경받았어요. 또 인도의 정치와 사회가 발전하는 데 큰 영향을 미쳤어요. 간디는 영국의 식민 지배에 평화롭게 저항하고 협조하지 않는 방식으로 맞서도록 사람들을 이끌었어요. 인도의 계급 차별을 없애고자 했으며, 교육을 옹호하고, 농촌 공동체를 위해 일했어요. 하지만 인도가 독립한 직후에 간디는 암살되었어요.

정치 인물 사전

위대함에는 책임이라는 대가가 따른다.

인민, 오직 인민만이 역사를 만드는 동력이다.

| 윈스턴 처칠 | 장제스 | 자와할랄 네루 | 마오쩌둥 |
| 1874년~1965년 | 1887년~1975년 | 1889년~1964년 | 1893년~1976년 |

윈스턴 처칠은 영국의 가장 위대한 총리이자 정치인 중 한 명이라는 평가를 받아요. 처칠은 제2차 세계 대전 때 한 번, 1951년~1955년에 한 번, 총리 역할을 두 번이나 맡았어요. 제2차 세계 대전 때 처칠은 뛰어난 결단력과 연설로 전쟁을 겪는 영국인에게 힘을 불어넣었고, 다른 연합국 지도자들과 함께 승리를 이끌었어요. 처칠은 널리 존경받아서 장례식에 전 세계 지도자가 가득 모일 정도였어요.

장제스는 1928년에 중국 국민당의 지도자가 되었어요. 중국 국민당은 1911년에 청나라를 무너뜨리고 황제를 몰아낸 뒤 공화국을 세운 당이었어요. 장제스는 군대의 경험을 활용해서 중국을 다시 통일하고 현대 중국을 세웠어요. 그 뒤 은행을 개혁하고 공자의 도덕적 이상에 기초한 법을 시행했지요. 하지만 1949년 공산당이 정권을 잡자 장제스는 타이완으로 도망쳤어요.

인도의 독립 운동가였던 네루는 1947년 인도가 영국의 지배에서 벗어나 독립 정부를 세울 때 초대 총리가 되었어요. 네루는 의원 내각제 정부를 세운 뒤 산업과 농촌을 발전시키고, 학교와 대학을 세우고, 국민의 법적 권리와 자유를 키웠어요. 네루는 국제 평화를 이루기 위해서도 노력했어요.

마오쩌둥은 중국 공산당의 지도자로서 혁명을 일으켜 1949년에 정부를 장악했어요. 그 뒤 나라 이름을 중화 인민 공화국으로 바꾸고 중국의 산업과 농업을 개혁하고, 중국 사회 전체를 변화시키는 정책을 실행했어요. 그 과정에서 수많은 사람이 죽고 중국의 문화 역사가 파괴되었지만, 반대하는 사람들의 목소리는 가혹하게 탄압받았지요.

정치 인물 사전

> 나는 그 자체로 평화로운 아프리카를 꿈꾼다.

> 다른 사람이나 다른 때를 기다리고 있다면 변화는 오지 않는다. 우리가 기다린 사람은 바로 우리다. 우리가 바라는 변화는 바로 우리다.

넬슨 만델라
1918년~

남아프리카 공화국의 넬슨 만델라는 다인종 정당인 아프리카 민족회의와 함께 아파르트헤이트(인종 격리 정책) 철폐 투쟁을 이끌었어요. 그러다 투옥되어 1963년에 종신형을 선고받아 차별 반대 투쟁의 상징이 되었어요. 남아프리카 공화국은 나라 안팎으로 압력을 받은 끝에 1990년 만델라를 석방했어요. 만델라는 1993년 노벨 평화상을 받았고, 1994년에는 남아프리카 대통령이 되었어요.

체 게바라
1928년~1967년

아르헨티나에서 태어난 게바라는 혁명의 우상이 되었어요. 게바라는 아메리카 대륙 중부와 남부를 여행하면서 사람들의 가난한 삶에 충격을 받았어요. 그리고 무장 혁명만이 문제를 해결할 수 있다고 믿었어요. 그 뒤 피델 카스트로가 1955년에 일으킨 무장 공산주의 혁명에 참여해서 독재자 풀헨시오 바티스타를 무너뜨렸어요. 게바라는 나중에 볼리비아 군대에 의해 처형되었어요.

미하일 고르바초프
1931년~

고르바초프는 1985년에 소련 공산당의 서기장이 되어 민주주의를 도입하기 시작했어요. 고르바초프가 일으킨 개혁의 결과로 1991년에 소련이 무너졌어요. 고르바초프는 소련의 마지막 대통령이 되었지요. 또한 고르바초프는 냉전(미국과 소련이 대립하여 경쟁하던 시기)을 끝내고, 1990년에 노벨 평화상을 받았어요.

버락 오바마
1961년~

미국 44대 대통령인 오바마는 흑인으로서는 최초로 미국 대통령이 되었어요. 2009년 1월에 취임한 뒤 은행 경제 위기와 이라크 및 아프가니스탄 전쟁 문제를 해결하고, 국제 관계를 개선하며, 미국의 보건 제도와 사회를 개혁하기 위해 노력하고 있어요. 오바마는 2009년에 노벨 평화상을 받았어요.

낱말 풀이

경제 돈과 관련된 일을 다루는 정치의 일부. 일자리 공급, 개발 사업뿐 아니라 다른 나라에서 물건을 사들이는 무역과 국민에게 제공하는 공공 서비스도 다뤄요.

계급 제도 한 사회에서 사람들이 저마다 달리 차지하는 신분을 정하는 제도. 보통 상층, 중간, 하층 계급으로 나눠요.

공공 서비스 정부가 공공의 복지를 위하여 국민에게 제공하는 서비스. 국가마다 다르지만 교육, 보건, 법과 질서는 거의 포함돼요.

공산주의 카를 마르크스가 주장한 공산주의는 자본주의의 반대로, 개인은 재산이 없고 생산 수단을 공동으로 소유하며, 모두가 평등하게 함께 일한다는 사상이에요. 공산주의 국가에서는 모든 재산과 기업을 국가가 소유해요.

공약 정당이 선거에서 이기면 수행하겠다고 국민에게 약속하는 목표와 정책들의 목록.

공화국 군주가 없고, 주권이 국민에게 있는 나라. 공화국은 대부분 민주주의로 운영돼요.

국가 국가는 영토와 국민, 주권으로 이루어져요.

국민 국가를 구성하는 요소이며, 한 나라의 구성원이 될 자격을 갖춘 사람. 국민에게는 일할 권리와 학교에 갈 권리 등 법적 권리가 있고 법적, 도덕적 의무가 있어요.

국민 투표 직접 민주주의의 한 가지 형태. 선거 외에 정부가 묻는 질문이나 생각에 대해 국민이 직접 투표해요.

국제 연합 제2차 세계 대전 이후 세계 평화를 지키기 위해 국가들이 연합해서 만든 조직.

군주 왕이나 여왕. 세습으로 나라를 다스리는 최고 지도자.

권위 자신의 규칙을 다른 사람이 따르게 하는 힘.

권위주의 정부가 권위를 내세워 사회의 모든 부분을 일일이 통제하는 것.

귀족 정치 상층 계급이 통치하는 정부 형태예요.

내각 정부에서 각각 국방, 내무, 외무 같은 분야를 책임지는 고위 정치인 집단.

대사 전령으로서 다른 나라에 가서 나라를 대표해 외교를 맡아요. 한 나라에 파견된 외교관들 중 가장 높은 사람이에요.

대의 민주주의 국민이 뽑은 대표를 통해 정치에 참여하는 제도. 오늘날 대부분의 민주주의는 대의 민주주의예요.

대통령 민주주의 정부의 지도자. 우리나라에서는 국민이 투표를 해서 뽑아요.

독재자 국가의 권력을 장악하고 자기 뜻대로 국가를 운영하는 사람. 국민의 생각을 중요하게 여기지 않아요.

무정부 정부가 없는 상태.

민주주의 본래는 '가난한 다수의 통치'라는 뜻에서 출발했어요. 오늘날은 국민이 권력을 가지고 주로 투표를 통해 국가의 운영 방식을 결정하는 정부 제도를 의미해요.

민중 국가를 구성하는 국민으로, 통치를 받는 대중을 가리켜요.

보수주의 보수주의 정부는 전통 가치를 지키고 현재 상태를 유지하려고 해요.

사회주의 국민이 함께 일하고 서로 돕는 사회적 존재라는 것을 강조하는 정치 이념. 개인을 중요하게 여기는 자본주의와는 반대예요.

삼권 분립 민주주의 정부는 세 부분으로 나누어 각각 다른 일을 맡아요. 행정부는 정책을 만들고, 입법부는 정책을 토론해 법률로 만들고, 사법부는 법이 공정히 실행되게 해요.

선거 국민의 대표가 되어 나라를 운영할 사람을 투표로 선택하는 일.

선전 정보를 공정하게 전하지 않고 어떤 목적에 맞게 변형해서 전하는 일.

세금 정부를 운영하기 위해 국민이 정부에 내는 돈.

> 여기 적힌 것들은 오랫동안 많은 토론을 이끌었어.

시민 사회 국민이 정부의 간섭을 받지 않고 활동할 수 있는 국가의 한 영역으로 기업, 산업, 지역 사회, 종교 단체 등이 포함돼요.

신권 정치 종교를 바탕으로 법을 만들어 통치하는 정부 형태.

안건 조사하고 논의하거나 투표해야 하는 문제나 생각.

여론 조사 어떤 문제에 대해서 사람들이 어떻게 생각하는지 조사해서 알아내는 일. 선거 또한 여론 조사의 일종이에요. 누가 가장 많은 표를 받았는지 계산해서 가장 인기 있는 사람을 알아내니까요.

연방 국가 국가 전체에 적용되는 규칙이 있지만, 각 지방을 통치하는 권력은 따로 유지하는 통치 제도. 연방 국가의 주권은 연방 정부와 지방 정부가 나누어 가져요. 미국은 연방 국가예요.

연합 함께 일하는 집단. 두 정당이 협력해서 국가를 운영하는 것도 연합이에요.

외교 나라와 나라가 공식적으로 대화하는 것. 함께 위기를 극복하고 협력하기 위해 노력해요.

의회 국민이 뽑은 대표들이 모여 토론하며 법률을 만들고, 행정부의 정책을 검토하고, 사법부를 감시하는 역할을 하는 곳. 어떤 나라에서는 상원과 하원으로 나누는 양원제로 운영돼요.

인권 사는 지역이나 정부 형태에 상관없이 사람이라면 누구나 갖는 권리예요. 예를 들어 모든 사람은 식량, 주거, 안전의 권리가 있어요.

입헌 군주제 왕은 국가를 대표하는 상징일 뿐 실제 정치권력은 헌법에 정해져 있는 나라. 군주가 갑자기 새 법을 선포할 수는 없어요.

자본주의 사람들이 자유롭게 재산을 소유하고 돈을 벌 수 있도록 보장하는 경제 제도 및 정치사상.

자유주의 국민의 권리를 가장 중요하게 여기는 정치사상. 자유주의는 국민이 원하는 것을 성취할 기회와 자유를 주어야 한다고 주장해요.

전제 정치 한 사람 또는 소수의 집단이 통치하는 정부 형태. 통치자는 대개 스스로 그 자리를 차지해요.

절대 군주제 왕이 모든 정치권력을 갖는 정부 형태.

정부 국민을 통치하는 기구. 크게 보아 입법부, 사법부, 행정부를 포함하기도 하고, 작게 보아 행정부를 가리키기도 해요.

정당 생각이 같은 정치인들이 모인 집단.

정책 정치적 목적을 실현하기 위해 정부가 만든 공식 행동 계획. 예를 들어 세금을 늘리는 것도 정책의 하나예요.

정치 사람이 살아가는 데 필요한 규칙을 만들고 바꾸고 유지하는 행동.

제국 하나의 정부가 여러 나라를 통치하는 일. 때로는 거리가 멀리 떨어진 나라도 제국의 일부가 될 수 있어요.

주권 국가를 통치하기 위해 필요한 완전한 권력. 정치적 주권을 가진 주권자는 규칙을 만들고 사람들에게 거기 따르도록 만들 권리가 있어요.

주권자 국가의 통치자. 정치권력을 가진 사람 또는 집단(정부). 민주주의 사회에서는 국민 또는 국민의 대표인 국회가 주권자예요.

지도자 정당이나 국가를 이끌고 명령을 내리는 사람.

총리 우리나라에서는 국무총리라고 해요. 대통령제 국가에서는 대통령이 국회의 동의를 얻어 임명하지요. 의원 내각제에서는 정부를 운영하는 정당이 총리를 뽑아요.

카리스마 사람들을 매료시켜 따르게 하는 능력이나 자질.

쿠데타 대개 군대의 힘을 이용해서 정부를 쓰러뜨리고 정권을 잡는 일을 가리켜요.

토론 사람들이 어떤 안건에 대해 찬성하거나 반대하는 이유를 들어 논의하는 일.

투표 선거나 의사 결정을 위해 투표권을 가진 국민이 뜻을 표시하는 일. 여러 후보 가운데 한 정치인을 고르는 것도 투표예요.

헌법 정부의 역할, 법률, 국민의 권리를 정해 놓아 국가를 통치하는 기준이 돼요.

혁명 사람들이 힘을 모아 권력자를 무너뜨리고 새로운 세상을 만드는 일. 혁명은 하층 계급을 비롯한 많은 사람이 참여한다는 점에서 소수 집단이 일으키는 쿠데타와 달라요.

'-제' '-제'로 끝나는 말은 군주제처럼 특정한 제도를 가리켜요.

'-주의' '-주의'로 끝나는 말은 자본주의나 민주주의처럼 특정한 정치적 사상을 가리켜요.

토론하기에 알맞은 주제야!